河出文庫

官報複合体

権力と一体化するメディアの正体

牧野洋

河出書房新社

官報複合体

目次

プロローグ　ジョージ・オーウェルの名言

「権力が報じてほしくないと思うことを報じる」

イギリスの作家ジョージ・オーウェルが1949年に発表した風刺SF小説『一九八四年』（ハヤカワepi文庫）。その中で描かれる世界は厳しい監視社会であり、「ビッグブラザー」と呼ばれる独裁者が支配する全体主義社会でもある。

このような世界で唯一の光明ともなるのが「健全な民主主義に欠かせない」と言われるジャーナリズムである。だからこそオーウェルの名言が生まれたのだろう。

〈権力が報じてほしくないと思うことを報じるのがジャーナリズム。それ以外はすべてPR
(Journalism is printing what someone else does not want printed; everything else is public relations)〉

これに照らし合わせて「われわれは本物のジャーナリズムをやっている」と胸を張れるマスコミ人はどれだけいるだろうか。

2011年の東日本大震災時にはいわゆる「発表報道」が横行した。権力側が発信する情報をそのまま垂れ流すジャーナリズムである。米環境専門誌エクストラ！は「福島原発事故の報道はあまりにもお粗末。日本政府が『直ちに健康に影響はない』と説明すると、記者はそれをオウム返しに報じているだけ」と断じた。

新型コロナウイルスが猛威を振るい始めた2020年にはマスコミと権力の癒着を象徴するスキャンダルが表面化した。緊急事態宣言中にマスコミ関係者3人が検察ナンバー2と一緒に密室に閉じこもり、長時間にわたって賭けマージャンをしていたのだ。これでは権力のチェックではなく権力との一体化ではないか、との声が出た。

官報複合体と軍産複合体

本書のタイトルに「官報複合体（かんぽうふくごうたい）」を選んだのは、日本の官僚機構と報道機関が実質的に複合体を形成しているのではないかとの認識からだ。アメリカの軍隊と軍需産業の結び付きを示す「軍産複合体」をもじった表現である。

個々の記者の次元では「世の中のために働いている」と信じている人は多い。「会社のために」と思っている人もいるだろう。では、「官僚機構のために」と思っている人は？　一人もいない。個々の米兵の次元で「軍需産業のために働いている」と思っている人がいないのと同じである。

しかし、個々の記者の思いとは裏腹に官報複合体的システムは動いている。個々の兵士の思いとは裏腹に軍産複合体体制下で米軍が軍需産業に多大な利益をもたらしてきたように。

官報複合体は第2次大戦中の「大本営発表」で批判され、解体されたのではないか、と思う人もいるだろう。しかし、実際には今も権力の中枢にある官僚機構を支えている。「官」と「報」をつなぐ要の役割を担ってきた記者クラブが、戦後も解体されずに残っているからだ。

官公庁や業界団体などを取材拠点にしている記者クラブ。ここに所属する記者は「権力側のPRをやっている」とはつゆほども感じていない。私自身も記者クラブに所属していたからよく分かる。

とはいえ、記者クラブが権力側に集中的に配置されている点を忘れてはならない。このような状況が災いして「権力側が発信する情報をいち早く網羅的に報じるのがジャーナリズム」という土壌がどうしても生まれてしまう。

言うまでもなく、報道機関は本来ならば権力ではなく弱者の味方だ。事件が起きれば「警察ではなく市民」、増税論議が出れば「政府ではなく納税者」の声をひろわなければならない。

ところが、現実には「警視庁記者クラブ」はあっても「市民記者クラブ」はないし、「財務省記者クラブ」はあっても「納税者記者クラブ」はない。権力側が発信する情報を大量に浴び続けていたら、記者は知らないうちに「ビッグブラザー」側寄りになってしまう。

報道自由度ランキングで先進国最下位の日本

だからなのか、世界各国の報道自由度ランキングを見ると、日本はとても先進国とは呼べないような地位に甘んじている。国際ジャーナリスト組織「国境なき記者団」のランキング（2021年）によると、世界180カ国・地域の中で67位なのである。マスコミが権力監視機関としての役割を十分に果たしていない——これが理由だ。

少し詳しく見てみよう。日本は先進7カ国（G7）の中で最下位だ。韓国（42位）や台湾（43位）も下回る。1位は5年連続でノルウェーであり、4位まで北欧勢が独占している。日本より一つ上の66位はコートジボワール、一つ下の68位はモンゴルだ。

日本で本物のジャーナリズムを担っているのは大手新聞・テレビ局ではなく週刊誌、という見方も広がっている。特に「文春砲」で知られる週刊文春は大型スクープを連発している。記者数で大手メディアよりも圧倒的に劣っているのに、である。

文春は記者クラブに所属していないから、権力に遠慮しないで取材できる。だから権力監視型の「番犬ジャーナリズム（ウォッチドッグジャーナリズム）」の担い手になれるのだろう。「賭けマージャン」をスクープしたのも文春だ。

ガラパゴス化するメディア業界

日本国内で日本語メディアにだけ接していると、マスコミ報道が実質的な鎖国状況下で独自進化を遂げ、ガラパゴス化してきたことがなかなか分からない。「権力の応援団」的な報道を読まされていると気付かないのだ。

私自身がそうだった。新聞は「歴史の証人」「社会の木鐸（ぼくたく）」であると信じ、１９８３年春に大手新聞社に入社した。「権力の応援団」というイメージは皆無だった。

新聞記者をはっきりと目指し始めたのは大学生のころだ。窮屈なサラリーマン生活には興味はなく、「新聞記者になれば比較的自由に仕事ができる」と思った。「国内よりも海外であればもっと自由になれる」との考えから、特に海外特派員に憧れていた。

　無意識のうちに父の影響を受けたのだろう。父はマスコミ業界で働くベテラン編集者だった。日本評論社に勤務し、「経済セミナー」初代編集長や出版部長を歴任。通勤ラッシュが終わってから悠々と仕事に出掛けるなど、典型的なサラリーマン生活とは縁がなかった。

　職業柄、父は熱心な新聞読者だった。自宅では朝日新聞と日本経済新聞の2紙を購読し、私が知る限り文字通り一日も欠かさずに1面から順番に紙面に目を通していた。父が会社へ朝日を持っていくと、私は日経を片手に大学へ通った。大学が経済学部であったことから、就職先として日経を視野に入れるようになった。

　新聞記事の客観性や信憑（しんぴょう）性を疑うことはまったくなかった。大学1年生時の1979年に日本で初めてサミット（先進国首脳会議）が開催されると、新聞紙面はサミット関連記事で埋め尽くされた。各国首脳が一堂に会する記念写真が大きく掲載されるのを見ても、「サミットのような大舞台で取材する記者はすごい」と感心するだけだった。

　私にとって新聞記者は雲の上のような存在であり、就職先として日経に内定したときには飛び上がるようにして喜んだものだ。同じマスコミ人として父からも祝福してもらえた。国際舞台での活躍を夢見て、日経では英文日経を希望し、英文記者としてスタートを切った。

コロンビア大学留学でパラダイムシフト

〝ガラパゴス諸島〟から飛び出し、パラダイムシフトを体験したのは新聞記者4年目の1987年だ。同年9月、私は26歳にしてジャーナリズム教育の最高峰として知られるコロンビア大学大学院ジャーナリズムスクール（Jスクール）へ留学したのである。

そこで強烈な体験をし、「本物のジャーナリズムとはこうあるべきなのか」と初めて気付かされた。以来、ずっと「いつかジャーナリズムの本を書こう」と思い続け、2012年1月に念願をかなえることができた。単行本『官報複合体　権力と一体化する新聞の大罪』（講談社）の出版である。同書の内容を大幅にアップデートするとともに再構成し、文庫化したのが本書である。

Jスクールの正面玄関前には、アメリカ第3代大統領トマス・ジェファーソンの銅像が建てられている。彼こそ「言論の自由」の生みの親である。

ジェファーソンが喝破したように、健全な民主主義を守るためには「第4の権力」――つまりマスコミ――によるチェックが欠かせない。中国やロシアを見れば分かる通り、マスコミが弱ければ権力は暴走する。そしてオーウェリアン（全体主義的）な社会の出現を許してしまう。

本書のミッションは「本物のジャーナリズム」の確立

朝日新聞社が2021年3月期に過去最大の赤字に転落するなど、マスコミ業界を取り巻く経営環境は厳しい。新聞の発行部数減少に歯止めがかからないからだ。民放テレビ業界も広告費の減少に直面し、制作費に大ナタを振るわざるを得なくなっている。

一方で、インターネット時代を迎えて、ジャーナリストが活躍できる場はかつてないほど広がっている。既存のメディア業界から人材が流出し、ジャーナリズムの新たな担い手になりつつある。2019年には「業界利益ではなく社会的責任」をモットーに掲げるインターネットメディア協会が立ち上がった。

コロナ禍で政治も経済も迷走し続ける日本では、少子高齢化や競争力低下をはじめさまざまな問題が山積している。問題点をきちんと指摘し、権力をチェックするのは誰なのか？「マスゴミ」とも揶揄(やゆ)されるマスコミだ。

伝統的メディアからネットメディアへの大転換が起きるとき、旧態依然の「マスゴミ」と決別して本物のジャーナリズムを確立する――ここに本書のミッションがある。今こそ官報複合体の解体に向けて第一歩を踏み出さなければならない。

第1章　市民目線を欠く日本の報道

「伝説の調査報道記者」が重視する2つの心構え

ジャーナリストが肝に銘じなければならない重要な心構えは何だろうか。二つある。「伝説の調査報道記者」清水潔が挙げる「小さな声」と「みんなのため」である。

私は非常勤講師として早稲田大学大学院で実践的ジャーナリズムを教えている。2014年の春学期、ジャーナリスト志望の若者に夢を与えたいと思い、ゲスト講師として清水を招いて特別講演をしてもらった。「調査報道の第一人者に本物のジャーナリズムを語ってもらおう」と思ったのだ。

講演は大いに盛り上がった。国際色豊かな大学院生9人のほか、現役のジャーナリストや編集者、さらには高校生による勉強会「高校生が考える未来のジャーナリズム」を運営する女子高生も話を聞きに来た。当初予定の1時間半を超えても質問が相次ぎ、その後の夕食会でも清水の話に熱心に耳を傾ける院生らの姿があった。

当然だろう。清水は「足利事件」で無期懲役囚の冤罪を暴いたり、「桶川ストーカー殺人事件」で警察より先に犯人を特定したりするなど数々の伝説を残しているのだ。しかも、院生9人は事前に『殺人犯はそこにいる』（新潮文庫）を読み込んでいた。同書は足利事件の全貌を描いており、「調査報道のバイブル」とも呼べるノンフィクション本である。

講演の中で何度も出てきた言葉が「小さな声」と「みんなのため」だった。少し硬い表現を使えば前者は「市民目線の報道」であり、後者は「公益にかなう報道」だ。

「小さな声」で暴いた朝日新聞の誤報

まずは「小さな声」。この重要性を示すために清水が使った事例は、1997年に群馬県の広告代理店を舞台にして起きた「顧客データ消去事件」だった。

取材の発端は朝日新聞の記事だった。勤務態度を注意された女子社員がパソコンの顧客データ（7800世帯分）を消し去ったうえで会社を辞め、代理店から400万円の損害賠償訴訟を起こされている――こんな内容だった。これを見たら読者は「女子社員は腹いせに顧客データを消去した」と受け止めるだろう。

当時写真週刊誌フォーカスで記者をしていた清水（現在は日本テレビ報道局記者）。もう少し取材したら面白い記事になるだろうと考え、代理店社長に会いに行ったところ、「ひどい女でさ」と言われた。

ただ、社長の言い分をそのまま伝えた朝日と違い、清水は「対立事案だから双方の意見を聞かなければ」と思って元女子社員宅を訪ねた。すると、母親は「うちの娘はデータを消していない」と主張。マスコミ不信の元女子社員は取材に後ろ向きだったものの、最後には涙を流しながら「私は絶対にやっていない」と訴えた。

清水は元女子社員に聞いた。

「どのようにしてパソコンを使っていたの？」

「ウィンドウズとDOSを切り替えて使っていました」

当時はパソコンのオペレーティングシステム（ＯＳ）として「ウィンドウズ」と共に古い「ＭＳ－ＤＯＳ」も動いていた。元女子社員はウィンドウズに顧客データを入れていたのに、パソコン音痴の社長はそのことに気付かなかったのではないか、と清水はにらんだ。

そこでもう一度代理店を訪ね、社長にパソコンを立ち上げてもらった。ＤＯＳからウィンドウズへＯＳを切り替え、画面上に目をやると、顧客データのアイコンを確認できた。「社長、これじゃないですか？」

社長はひっくり返るようにして驚いた。「いやー、いやー、いやーー」

その後、朝日は記事を訂正し、社長は訴訟を取り下げた。

ちゃんと取材しなければ駄目なんだな、と清水は改めて思った。彼にとって「小さな声」は元女子社員だったのだ。

ボツにされた「プレスリリース原稿」

私は講演を聞きながら納得することしきりだった。私自身がジャーナリストとしてパラダイムシフトを体験したのも「小さな声」によってだったのだから。

失業者に取材しないで失業率上昇について書く、消費者に取材しないで消費者物価上昇について書く、女性に取材しないで女性の地位向上について書く――。このような状況は日本のマスコミ業界では日常的に起きる。

例えば、総務省で失業率が発表になったとしよう。すると、同省の記者クラブ詰めの記者はブリーフィング（記者向け説明）と発表資料に頼って記事を書く。失業者自身に直接取材しない。それでも上司から「取材が足りない」などと批判されない。

私も新聞記者として駆け出しのころは「失業者に取材しないで失業問題を書く」という状況を特に不思議に思わなかった。だが、記者4年目にそんな取材手法を完全否定され、ベストプラクティス（最良慣行）とは何かを学べた。

1987年、ニューヨークにあるコロンビアJスクール――コロンビア大学大学院ジャーナリズムスクール――へ留学中のことだ。

「この記事では合格点はあげられないですね。一からやり直しです」

ニュース専門局CNNの記者出身である指導教官ジョアン・リーは、私が書いた原稿を見ながら言った。原稿には赤字があちこちに書き込んであった。

テーマは、ニューヨーク在住の日本人向け補習校の実態。私は校長や教師、保護者、教育専門家ら十人以上に取材したほか、必要なデータなども集めて補強して原稿をまとめていた。それなりの仕上がりになったと自負していたのに、原稿をボツにされた。

「記事の主人公は誰？」

リーからあまりに当たり前の質問を投げ掛けられ、目からうろこだった。教師でもないし保護者でもない。子どもなのだ。

「子どもたちから話を聞き出しましたか？　授業風景を見ましたか？　校長や教師、保護者、専門家のコメントをどんなにたくさん並べても、説得力はありません。プレスリリースと同じです。校長や教師は権力者であり、支配者。子どもの目線で取材するのを忘れないように」

プレスリリースとは報道機関向け発表資料のことだ。そのうえで、リーは私にこう命じた。「補習校の教室内でまる一日過ごし、子どもたちとじかに接してきなさい。これこそが本来の取材です」

要するに、子どもは「小さな声」なのだ。「小さな声」を無視した記事は、顧客データ消去事件で社長の言い分をそのまま伝えた朝日の記事と同じということだ。

日本は権力者目線、アメリカは市民目線

スパルタ的な実践教育で有名なJスクールに在学していた私は、市民目線で取材するよう教え込まれた。読者目線と言い換えてもいいだろう。

政治家ではなく有権者、徴税当局ではなく納税者、大企業ではなく消費者、経営者ではなく従業員、警察当局ではなく市民、教師ではなく生徒、大人ではなく子ども、マジョリティーではなくマイノリティー——。弱者の視点が大切なのだ。

それまで日本では「権力に食い込むことこそ記者の王道」と指導されてきた。記者クラブの構造を見れば当然だ。首相官邸など権力側にばかり配置されているのである。これではクラブ詰めの記者は官報複合体を支える歯車と化してしまう。

実際、消費税増税が話題になっても、納税者・消費者に取材しない記者が多い。納税者・

消費者の声をまったく紹介しないで消費税の記事を書いても、上司から「主人公は誰？」などと聞かれない。それどころか、政権与党と財務省筋の情報に基づいて「プレスリリース原稿」を書いても、堂々と1面トップを飾れるのである。

これでは権力の広報紙と変わらない。だが、ほかの大勢の記者と同様に、私は特に違和感を覚えなかった。だから、ニューヨークで教育問題を取材し始めても、非権力側の子どもに取材する必要性を感じなかった。

リーは取材のやり直しを命じるに際して、二つアドバイスしてくれた。

「まずは、どこかでキャンディーを買うこと。小さな子どもに話をしてもらうのは難しいから、キャンディーを武器に使うのです。次に、子どもに話し掛ける際に、しゃがんで目線を同じにすること。警戒されないようにするためにね」

日本の新聞社では、子どもに食い込むためにどうしたらいいのか、アドバイスしてくれる上司はいなかった。一方で、権力に食い込むためのノウハウを持っている上司は大勢いた。大企業トップの夜回り取材に出掛ける際に、上司から「何が好物なのか調べたうえで手土産を持っていくといいよ」とアドバイスされたこともある。

書き直されて再び「プレスリリース原稿」に

私はリーとの面会を終えると、キャンディーを買い求め、週末に再び補習校を訪ねた。リーのアドバイス通りにキャンディーを手にしつつ、目線を低くしながら話し掛けたら、効果抜群だった。多くの子どもからコメントを聞き出せたのである。早速、原稿にコメントを加えた。

〈授業が終わると、子どもたちが教室から飛び出してきた。コウイチ、チエ、チアキの3人は、外で待っていた母親の所へ駆け寄った。

アメリカと日本の学校のどちらが好きかと聞かれると、8歳のコウイチと10歳のチエは異口同音に「絶対にアメリカ！　宿題が少ないから」と日本語で答えた。英語を使わなかったのは、母親が目の前にいたからだ〉

授業も見学し、次の描写を加えた。

〈ケイコ・オクダが教える算数のクラスには約20人の小学4年生が集まった。日本人ばかりなのに、雰囲気はまるでアメリカだ。教師が威厳を持って教える日本とは違い、笑い声がひっきりなしに聞こえるなど、教室内の様子が全体にくだけているのだ。

オクダが「100メートル走るのは大変ですか？」と質問すると、10人以上が手を挙げた。誰かが「僕は1マイル走れるよ」と言うと、オクダは「日本ではマイルは使いません。メートルで言ってください」と注意した〉

原稿を再提出すると、リーに評価してもらえた。「記事が生き生きしてきて、当局の発表資料のような感じが薄れてました。補習校で一日過ごし、子どもたちと接触したからこそ」

これは日本に関係した話だから、英文日経に掲載してもらえるかもしれない！　私は同じ原稿を同紙編集部へ送った。ありがたいことに、翌年の1988年1月16日号で使ってもらうことになった。

ところが、掲載された記事を読んでびっくりした。子どものコメントと授業の様子がばっさりカットされていたからだ。最も労力がかかった部分だったのに、不要と見なされたのだ。リーに書き直しを命じられる前の状態、つまり「プレスリリース原稿」に戻されたわけだ。

ささいなことに聞こえるかもしれない。だが、これはジャーナリズムの本質に迫る問題を提起している。日米の取材現場を比較すると、報道姿勢が百八十度異なるのである。

ジャーナリズムは本来、市民に代わって権力をチェックし、市民の利益を代弁すべきだ。日本の取材現場ではジャーナリズムの原点が忘れ去られているのではないか――20代後半だった私はニューヨークで思った。

観察者が観察者に取材して書いた記事ばかり

Jスクールで教科書として使われている『ニューズ・リポーティング&ライティング』の中でも、著者のメルビン・メンチャーははっきりと書いている。

〈読者が「この記事はちょっとインチキくさいな」と思うときがある。原因を探ると、当局者や専門家ら権威筋を情報源にしていることが多い。権威筋は当事者でないにもかかわらず、あたかもすべて知っているかのように話している。
失業問題を語るのであれば、当局者のコメントを引用し、データで裏付けするだけでは不十分。当局者は失業を自ら体験していない。快適なオフィス内で仕事をしているだけだ。失業問題の本質は、ホームレスになったり、職安へ毎日通っていたりする生身の人間である。
子どもに取材しないで教育問題を書いたり、患者に取材しないで医療・健康問題を書いたりするのは、本来の報道ではない。そんな取材では説得力ある原稿は書けない〉

しかも権威筋への取材で記事をまとめるのは簡単だ。記者は街中へ飛び出さなくても、当局者や専門家に電話を一本入れるだけで必要な材料を集められる。「観察者にすぎない記者」が「観察者にすぎない権威筋」に取材したところで、真に迫る報道ができるはずがない。

にもかかわらず、日本の主要紙を見ると「観察者が観察者に取材して書いた記事」がいくらでもある。消費動向をテーマにしていても、官僚やエコノミスト、企業経営者に取材するだけで、当事者の消費者に取材しないのである。

一見すると、権威筋に食い込んで書いた原稿は「信頼できる原稿」だ。しかし、実態は「プレスリリース原稿」「権力よいしょ記事」と紙一重である。

ピュリツァーは「真に民主的な新聞を作る」と宣言

私はJスクールを卒業後に20年近く新聞記者を続けた。その間ずっと、「日本のマスコミは何か勘違いしているのではないか」「アメリカから学ぶことがあるのではないか」という問題意識を持ち続けてきた。

この点では反省しなければならない。日ごろ「こうであってはならない」と思いつつも、記者クラブ制度に漬かり、権力寄りの報道を続けてきたからだ。独立したジャーナリストというよりも、会社の命令に従うサラリーマン記者としての自分を優先してきたわけだ。

結果として、私が記者時代に書いた数千本の記事の中には、もっぱら権威筋に取材してまとめた「お手軽原稿」も無数含まれている。

私は2007年に新聞社を早期退職したことで、サラリーマン記者という立場に縛られずに、自由にジャーナリズム論を語れるようになった。自分の体験を次世代につなげるため、20年間にわたって大切に保存してきたJスクール留学時代の原稿や教材、資料――段ボール2箱分ですっかり色あせてしまった――もようやく活用できるようになったわけだ。

本来ならば、サラリーマン記者という立場にあっても「権力」ではなく「市民」に軸足を置いて自由に取材・執筆できなければならない。

ピュリツァー賞の生みの親である新聞王ジョセフ・ピュリツァーも、「市民」に軸足を置いたジャーナリズムを目指してJスクールを創設している。

ニューヨーク・ワールド紙を買収した1883年のことだ。同紙の創刊号で発行人のピュリツァーは「われわれは真に民主的な新聞を目指す。金持ち・権力者の利益ではなく、一般大衆の利益を第一に考える新聞を作るのだ」と宣言している。

ピュリツァーの理念はアメリカ報道界で100年にわたって受け継がれて、多くのジャーナリストの間で共有されている。1917年創設のピュリツァー賞がジャーナリズム最高の栄誉として広く認められているからである。

特集記事でも権威主義的

「観察者が観察者に取材して書いた記事」として最も印象に残っている事例を一つ挙げたい。1998年1月1日付の日経新聞1面を飾った特集「女たちの静かな革命」だ。

元旦に1面で始まる特集は「正月特集」と呼ばれる大型連載だ。通常は特別取材チームが立ち上がり、数カ月かけて徹底取材する。「女たちの静かな革命」は女性を主役にして日本再生が始まるという特集だ。

正月特集の第1弾で記事中に誰が登場するのか順番に列挙すると、次のようになる。私自身、読み進むにつれて違和感を覚えた。

①東京・新宿の小田急百貨店の担当者。クリスマスの子ども向けに売り出したクマのぬいぐるみが若い独身女性に売れていることに驚く。

②セコムの広報室長。ストーカーなどの犯罪が増えたため、独り暮らしの女性の間で同社の住宅警備システムが人気になっていると説明。

③神奈川県相模原市の葬儀場、相模原会館を運営する互助会の幹部。婚礼人口が減るとの判断から、結婚式場から葬儀場へ経営形態を変えたと説明。

④三和総合研究所の主任研究員。経済の低成長化を背景に女性の間で「結婚すれば生活水準が年々向上するという夢」が崩れてしまったとコメント。

⑤英ロンドン・スクール・オブ・エコノミクスの助教授。セミナーで「結婚も同棲もしない単身者の増加は日本独特の現象で、ミステリーだ」と指摘。

⑥リベラリストの論客、石橋湛山。大正初期に「良妻賢母は明治維新後の過渡期の産物であって、婦人をこの桎梏から放ってやらねばならぬ」と喝破。

いずれも「革命」を担う女性自身ではない。第三者の立場で女性を観察している権威筋である。

当事者に取材しないで書いた「お手軽原稿」の典型例といえよう。「女性の時代がやってきた」と叫んだところで、観察者にすぎない権威筋の言葉であるから迫力に欠ける。そんな観察者に取材しているのが、やはり観察者にすぎない記者であるわけだ。

記事中、百貨店の担当者が「主な買い手は独身とみられる若い女性」と語っている。しかし本当なのか。二次情報であるから、何を根拠に話しているのか分からない。実際にクマのぬいぐるみを買っている若い独身女性を登場させていれば、信憑性が高まったはずだ。

「女たちの静かな革命」の中で主人公である女性が一人も出てこないわけではない。1面のおよそ半分を占める全7段抜きの記事の中で最終段、すなわち7段目になってようやく登場する。自主廃業した山一證券の企業部次長から中堅素材メーカーの営業部長へ転職した女性だ。当事者の女性は一人だけということだ。

しかも、彼女は記事中で簡単に紹介されているだけだ。営業部長としてどんな日々を送っているのか、描写されていない。結婚して子どもがいるのかどうか、それも分からない。山一時代に人事評価制度の改革を訴えて奔走しながらも、耳を傾けてもらえなかった——こう書かれているだけだ。

ガソリン価格急騰、肝心のドライバーのコメントがない

「女たちの静かな革命」のような特集でさえ権威主義的なのだから、一般のニュース面では権威主義的傾向がより色濃く出る。

原油相場が急騰した2011年を振り返ってみよう。ニューヨーク原油先物価格は2008年のリーマンショック直後に1バレル＝30ドル台にまで急落していたのに、大規模金融緩和を背景に2011年に入って急回復。1バレル＝100ドルを突破し、日本をはじめ世界中でガソリン価格の値上げが相次いだ。

同年3月上旬に朝日新聞は「ガソリン急騰、145円突破」という記事を載せ、ガソリン

価格急騰の影響を伝えている。記者は多くの人にインタビューし、コメントを引用している。以下の通りだ。

①東京都世田谷区のガソリンスタンド店長。「2000～3000円だけ給油してほしいと言う人が増えてきた」と嘆く。
②石油業界関係者。「元売りの卸値は今後も上がる可能性がある」と発言。
③全日空社長の伊東信一郎（いとうしんいちろう）。「（原油高を運賃に反映すると）需要が減退してマイナスに響く」と懸念。
④アメリカ人ストラテジスト。「投資資金が原油市場に流れ込む条件が整い過ぎている」とコメント。
⑤大和総研チーフエコノミスト。「原油高が進めば、収益への影響はさらに大きくなる」と指摘。
⑥三菱UFJリサーチ&コンサルティングの主任研究員。「景気腰折れの懸念は徐々に強まっている」と予測。

これだけインタビューしているにもかかわらず、当事者が登場していない。つまり、ガソリンの利用者であるドライバーのコメントが一言も入っていないのだ。

記事中ではガソリンスタンド店長が「2000～3000円だけ給油してほしいと言う人

が増えてきた」と嘆いている。観察者（店長）が当事者（ドライバー）のコメントを引用し、それを記者が引用しているわけだ。平たく言えばまた聞きだ。

記者が当事者から直接「2000〜3000円だけ給油してほしい」というコメントを引き出せなかったのだろうか。

主人公は車通勤しているサラリーマン

同時期のアメリカの新聞はどのようにガソリン価格急騰を伝えていただろうか。最大の経済紙ウォールストリート・ジャーナルは国内ニュース面で「ガソリン価格急騰、家計を圧迫」という見出しの記事を掲載。記事に登場する主人公は、フロリダ州ホームステッドに住む35歳の消防士、クレイグ・マクビーンだ。

〈クレイグ・マクビーンは2005年、25万ドルで自宅を購入。以来、自宅の不動産価値は40%近く下がり、給与は20%カットされた。

2年前には、住宅ローンの月間返済額が1800ドルから2400ドルへ上昇した。年収4万5000ドルの所得では厳しい。そんな状況下でマクビーンはどうにか耐え忍んだ。

しかし、ホームステッドではガソリン価格がガロン当たり3・4ドルまで急上昇。彼のガソリン代もここ数年で倍増し、家計を圧迫している。現在、1997年型のフォード製トラックに給油する費用だけで、毎週80〜100ドルも掛かっている。

マイアミまで1時間かけて車通勤しているマクビーン。ガソリン代についてはもはや耐えられないほどの負担に感じている。職場の近くへ引っ越し、ガソリン代を浮かさなければならないか──このように考え始めている〉

記事中では、さまざまなデータとともにエコノミストら権威筋のコメントも多数紹介されている。だが、主人公が当事者のマクビーンであるのは一目瞭然だ。記事の中央で大きく使われている写真は、ホームステッドの街中を歩くマクビーンの姿なのだ。

第2章　「公益にかなう報道」とは何か

「みんなのため」と思える報道

早稲田大学でジャーナリストの清水潔が行った特別講演に戻ろう。ジャーナリストが持つべき重要な心構えは「小さな声」のほかに「みんなのため」もある。

講演中、清水は質疑応答でシンガポール出身の院生から質問されている。

「『殺人犯はそこにいる』の108ページは非常に印象に残ったのですけれども……」

「108ページね。覚えているとはすごいね！　どこの論文ですか（笑）」

「そこに『取材という名の機体はすでにハンガーを出て誘導路も抜け、滑走路を走行している段階まで来てしまっている。あとは離陸するか否かの判断だ』と書いてあります。調査報道ではこの判断が重要ということですね？」

「それは明け方の眠いときに書いたんだよ（笑）」

清水は院生と軽快なやり取りをしながら、『殺人犯はそこにいる』のテーマである足利事件を振り返った。

同書の中に出てくる「離陸するか否か」は足利事件取材のクライマックスを指している。清水は綿密な取材を重ねてDNA型鑑定に疑問を抱き、冤罪キャンペーンを開始できる段階にまでこぎ着けていたのだ。巨大権力である警察・検察・裁判所――さらには記者クラブメディアも――を敵に回して大丈夫なのか……。

1990年に栃木県足利市で女児が行方不明になり、その後遺体となって発見された足利事件。翌年に幼稚園のバス運転手だった菅家利和が逮捕・起訴され、最終的に有罪が確定している。

ハードルは高かった。第一に、DNA型鑑定が決め手になって最高裁で無期懲役が確定している。第二に、自供調書には「真実ちゃんを殺したことは間違いありません」と書かれている。第三に、警視庁元大幹部は「あれは間違いなく殺ってます。絶対です」と言い切っている。

清水は院生の質問に答える形で次のように語っている。

〈冤罪報道は日本ではやりづらい。やり始めたら引くに引けない。だから、やるんだったら本当に覚悟を決めてやらなきゃならない。自信がないんだったらやめたほうがいい。僕はそう思っている。

離陸するかどうかの話を書いたのは、これから1年間続けてやるキャンペーンのテーマをどうするか、というとき。まさに分岐点に立っていたから、そういう書き方をした。いったんキャンペーンを始めたら、急ハンドルでの軌道修正はできないから。

注意しなきゃいけないのは、報道する価値が有るか無いかをきちんと判断すること。「面白いから視聴率取れる」とか「成功したら有名になれる」といった下心でやると、まあ、大体失敗する。これまで他人の失敗を見てよく感じることです。

じゃあ、どうすればいいか。これはもう本気で「絶対にみんなのためになる」という視点を見失わないこと。「みんなのためになる」というネタを選び、掘り下げて取材する。そうすれば結果として評価もされるし、多少の失敗があっても大批判されないと思う〉

「みんなのため」と思える報道を手掛けている限り、記者はどんな苦境に立たされても最後には必ず支持を得られる――こう言っているのだ。

ピュリツァー賞の金賞は「公益にかなう報道」

清水は誰にでも分かるように「みんなのため」という表現を使っている。「そんなの当たり前」と思ったら大間違いだ。「みんなのため」には「小さな声」に劣らず――ひょっとしたらそれ以上に――重要な意味合いが込められているのだ。

というのは、「みんなのため」は「公益にかなう報道」と同義であり、まさに本物のジャーナリズムだからだ。

だからこそピュリツァー賞の最高格は「公益報道（パブリックサービス）」なのである（全14部門の中で金メダルの授与対象になっているのは公益報道部門だけ）。1917年の開始以来、同部門受賞作は一貫して「みんなのため」という基準で選ばれている。

2002～14年にピュリツァー賞事務局長を務めたシグ・ギスラーは私とのインタビューで次のように語っている。

〈過去１世紀を振り返ると、報道分野での受賞作は７００件以上に上る。いろいろな理由で受賞しているとはいえ、多くは「権力の不正や汚職を暴き、社会的弱者を守る」という基準をクリアしている点で共通している。これこそがジョセフ・ピュリツァーの願いであり、その願いは公益報道部門に込められている〉

権力の横暴を防いだり社会的弱者を救ったりするなど、社会に大きなインパクトをもたらした調査報道が公益報道部門受賞作に選ばれているのである。受賞作には古くはベトナム戦争の暗部を暴いた「ペンタゴン・ペーパーズ」報道もあれば、近年では世界的な「#MeToo」運動の起点になった性的暴行疑惑報道もある。

公益報道のハードルは高い。ジャーナリストは番犬ジャーナリズムの担い手になり、巨大権力と対峙しなければならないからだ。清水が冤罪を暴くために巨大権力である警察・検察・裁判所を敵に回したように。

ワシントン・ポストのスター記者との共通項

公益報道部門受賞で金メダルを授与された記者自身はどう思っているのだろうか。私は２００９年秋、ワシントン・ポストのスター記者デイナ・プリーストから直接話を聞く機会を得た。前年にピュリツァー賞事務局から金メダルを授与されていた彼女はカリフォルニア州クレアモントを訪ね、「ジャーナリストの魅力」をテーマに講演したのだ。

私は当時クレアモント市民であり、単行本版『官報複合体』出版に向けコラムを連載中だった。当然ながら講演を聞きに行き、講演後にはプリーストと雑談もした。「公益報道とは何か」を深く考えさせられ、非常に有意義な時間を過ごせた。

ワシントン・ポストはアメリカの首都ワシントンを本拠地にし、世界的な影響力を誇る名門紙。ニューヨーク・タイムズと同様にピュリツァー賞受賞記者を多数輩出している。その中の一人が安全保障問題担当のプリーストであり、同賞を2度も受賞している。次は講演からの抜粋だ。

〈何十年もジャーナリストをやってきて、「これほど楽しい仕事はない」と断言できる。そもそも「おカネのためにやっている」と思ったこともない。

報道にはニュースや教育、娯楽などいろいろな目的があるが、とりわけ重要なのが「不正をただす」という機能。「おカネのため」ではなく「世の中のため」という思いで全力投球できる職業はそれほど多くないと思う〉

私は早稲田大で清水の講演を聞いているとき、プリーストの講演をふと思い出した。清水は「みんなのため」と言い、プリーストは「世の中のため」と言っている。偶然にも2人はほとんど同じ表現を使って本物のジャーナリズムを語っているではないか！

ニューヨーク・タイムズが報じた官僚の隠ぺい体質

「公益にかなう報道」が最も求められた局面が2011年の東日本大震災だった。人命に直結するからにほかならない。ここでマスコミが「公益にかなう報道」を展開できないのであれば、存在意義がないと非難されても仕方がない。

残念ながら、実際の大震災報道は政府や東京電力の発表をベースにした発表報道に終始していた。権力側の説明に対して国民が不信感を募らせていたというのに。

元上智大学教授の田島泰彦(たじまやすひこ)は共著『調査報道がジャーナリズムを変える』（花伝社）の中で「福島原発報道はまさに発表報道のオンパレード」としたうえで、「かつての『大本営発表』とどこが違うのか」と手厳しかった。

私が当時住んでいたアメリカでも大震災——特に福島原発事故——は大きな注目を集めていた。

今でも2011年8月9日の朝のことはよく覚えている。いつものように自宅玄関前に出て、芝生の上に放り込まれたニューヨーク・タイムズをひろい上げた。青いビニール袋を破って同紙を取り出し、1面に目をやると、「おや?」と思わずにはいられなかった。

同紙1面の題字のすぐ下、つまり最も目立つ位置に置かれた記事は、見出しで「日本は原発事故のデータを隠ぺいし、住民を危機に陥れた」と伝えていた。記事と一緒に使われていた写真は、福島県郡山市内の小学校の「汚染された校庭」だった。

記事の位置に加えて、長さも目立った。読み物としての面白さを工夫しながらニュースを解説するアメリカ流「フィーチャー記事」だったからだ。

1本の記事でありながら1面から8面（8ページ目）へ「ジャンプ」し、同面を文字通り全面的に埋め尽くしていた。日本の新聞1面に載る連載企画の4〜5回分に相当しただろう。

私は24年以上勤めた新聞社を辞め、2008年からアメリカ国内でメディア業界を取材していた。愛読紙は地元紙ロサンゼルス・タイムズのほかニューヨーク・タイムズなど数紙。ニューヨーク・タイムズはニューヨークの地元紙でありながら全国紙的な地位も築いており、ありがたいことにカリフォルニアでも宅配されていた。最大の楽しみが毎日1面の目玉として掲載されるフィーチャー記事だった。

「アメリカの有力紙が日本関連ニュースをこれほど大きく報じるのは、7月半ばにサッカーの女子ワールドカップ（W杯）で日本が優勝して以来だろうな」と思いつつ、読み進めた。

〈東京電力の福島第一原子力発電所が津波に襲われた翌日、福島県浪江町（なみえまち）で数千人に上る住民が集合した。政府から何の情報も入ってこないなか、町長らは「北へ避難するように」と指示した。風向きからすると放射性物質は南へ向かうと読んだのだ。

住民は避難区域圏外の同町津島地区へ避難し、そこで3夜にわたって過ごした。子どもは外で遊び、親は川の水を使ってご飯を炊いた。その間、福島原発では水素爆発が起き、放射性物質を空中へまき散らしていた〉

記事は次に衝撃的な事実を明らかにする。

〈実はこのとき、政府のコンピューターシステムは「放射性物質が津島地区へ拡散する」と予測していた。風はまさに津島地区に向かっていたのである。そのような予測が出ていたという事実に町長らが気付いたのは、約2カ月後のことだった〉

「政府のコンピューターシステム」とは、文部科学省が開発し、原子力安全技術センターが管理・運営する「緊急時迅速放射能影響予測ネットワークシステム（ＳＰＥＥＤＩ）」のことだった。政府は「生データを公表すると誤解を招く」といった理由で、大震災発生直後からデータ公表を拒み続けていたのだ。

浪江町の話を紹介した後、記事は「拡散予測データは中央官僚の判断で公開されなかった。『責任を取らされたくない』『批判されたくない』といった官僚文化が背景にある」と指摘。浪江町の町長・馬場有（ばばたもつ）のコメント「情報隠ぺいは殺人に等しい」も引用していた。

世界で最も影響力がある新聞が1面記事で、日本の官僚機構の隠ぺい体質を浮き彫りにしたのである。

日本メディアは「政府の発表」を報じただけ

私は記事を読み終えて、「日本の新聞はどう報じていたのだろう?」とふと思った。月5万円以上の利用料を払うこともあった記事検索システム「日経テレコン」を使い、読売、朝日、毎日、日経、産経の主要5紙を点検してみた。すると、程度の差はあれ、SPEEDIのデータ公表遅れについて各紙とも政府の対応を批判していることが分かった。

例えば日本最大の発行部数を誇る読売。6月10日付の1面連載企画「検証3カ月・原発危機」の中で、ニューヨーク・タイムズと同様に浪江町へSPEEDIのデータが伝えられなかったことに触れながら、「情報提供に及び腰な政府の姿勢が目立った」と批判。官僚機構の隠ぺい体質が住民を危機に陥れたと指摘している点で、ニューヨーク・タイムズよりも先行している。

こんな報道を読んで「新聞も国民の側に立って権力をチェックしてくれている」と思っていいのだろうか。そもそもニューヨーク・タイムズよりも先行して報じたことで満足していいのだろうか。同紙の東京支局は記者数人にすぎない。一方、日本の大手新聞社は国内で1社当たり1000人以上の記者を擁しているのだ。

実は、データ公開が遅れた責任はマスコミ自身にもある。SPEEDIのデータは国民が知るべき重要な情報であるにもかかわらず、政府の発表を待たなければ国民に伝わらなかった——これが責任である。

政府がデータの全面的公表に踏み切ったのは５月に入ってからだ。マスコミが「隠されたデータ」を特報したのを受けて政府が発表に追い込まれたのではなく、政府が発表したからマスコミがデータ内容を報道したのだ。

政府の発表を受けて書いているだけでは、マスコミは事実上の「政府広報紙」となってしまう。どんなに官僚機構の隠ぺい体質を批判したところで、報道機関として本来の機能を果たしていない。史上最悪の原発事故が起きている状況下ではなおさらだ。

ピュリツァー賞の理念に照らし合わせれば、「大震災発生から１〜２カ月にわたって日本のマスコミは一体何をやっていたのか」という疑問も出てくる。

ニューヨーク・タイムズは、ＳＰＥＥＤＩのデータが公表されなかった理由として「官僚機構の隠ぺい体質」を挙げた。データが公表されなかった理由には「官僚機構の隠ぺい体質」と共に「マスコミの発表報道体質」もある。

「国民が無知」であればあるほど権力は強くなる

放っておけば権力は秘密主義に走る。古今東西変わらない図式である。

情報の独占は権力側の力の源泉だ。国民が無知であればあるほど好都合。国民の前にすべてを洗いざらいさらけ出してしまったら、権力側は好き勝手に行動できなくなる。「権力対国民」で見た場合、情報で圧倒的に有利なのは権力側だ。

そこで「第四の権力」、つまり報道機関の出番になる。「第四の権力」は行政、立法、司法の三権が何をやっているのか調べ上げ、広く世の中に向けて伝える役割を担う。こうすることで、権力と国民の間の情報格差を埋めていくのだ。

SPEEDIのデータこそ、マスコミが全力を挙げて伝えなければならないニュースだった。情報公開制度を徹底活用するほか、データにアクセスできる政府関係者を見つけ出して匿名の「ディープスロート」として協力を仰ぐなど、調査報道を全面展開すべき局面にあった。

マスコミが大震災発生から1週間以内にデータ入手に成功し、紙面上で特報できたとすれば、浪江町の住民も含め無数の国民に計り知れない利益をもたらしたことだろう。これでこそマスコミは「みんなのため」「世の中のため」と胸を張れる。

記者クラブメディアには連日の夜討ち・朝駆けで体にむち打ちながら、守秘義務を負う捜査官から極秘情報を聞き出す辣腕記者は多い。そんな記者が勢ぞろいすれば、データ入手も不可能な仕事ではなかったはずだ。

実際には、大震災報道ではマスコミ各社は発表報道に忙しく、社説で「政府は情報公開の姿勢をしっかり示せ」と政府に反省を促したり、記者クラブ経由で「首相はもっと国民の前に出るべき」と首相に会見を開くよう求めたりするだけだった。「国民の無知」を力の源泉にする権力側が「マスコミに指摘されたから」と言って情報独占権を手放すとでも思ったのだろうか。

発掘型スクープこそが本物のジャーナリズム

仮にマスコミがSPEEDIのデータを入手して特報したとしよう。このような特報は何と呼ぶべきなのか。ジャーナリストがお手本とするべき「発掘型スクープ（エンタープライズスクープ）」である。

本物のスクープとそうでないスクープについて鋭く定義している論客がいる。ニューヨーク大学（NYU）教授のジェイ・ローゼンだ。2012年、自分のブログ上で次のように書いている。

〈記者は特ダネ競争に明け暮れており、ライバルに先駆けて第一報を放とうとしてしのぎを削っている。第一報を放ってこそ業界内で特ダネ記者として認められるからだ。ただし、すべてのスクープは同じではない〉

そのうえで、「スクープ4形態」を示している。そのうちの第1形態が発掘型スクープだ（残りの3形態については第4章以降で追って説明する）。

〈発掘型スクープは記者が独自に掘り起こしたニュースであり、記者の努力がなければ決して明らかにならなかった特報のこと。典型例は「CIA（中央情報局）はテロ容疑者を秘密収容所に監禁」。デイナ・プリーストによるスクープだ。彼女がスクープしなければ、われわれは今もブラックサイト（CIA秘密収容所）の存在を知らないかもしれない。

すべてはプリーストの努力のたまものであり、ほかの記者がブラックサイトについて書くときは「ワシントン・ポスト記者のデイナ・プリーストが最初に報じたように」と補足すべきである。そんなこともしない記者がいたら軽蔑してやろう！

プリーストのブラックサイト報道こそ本物のスクープであり、特ダネを狙うときに全ての記者がお手本にしなければならない。最も重要で、最も有効で、最も稀有なスクープ――。こんなスクープを放つ記者に対してわれわれはもっと感謝しよう！〉

プリーストとは、２００９年秋にクレアモントで「ジャーナリストの魅力」をテーマに講演し、「世の中のため」と語った記者のことである。彼女のピュリツァー賞受賞作――２００６年と２００８年に２度受賞――のうちの一つがブラックサイト報道だ。

ブラックサイトとは、テロ容疑者を拉致・拘束するためにCIAが世界各地に設置した秘密収容所のことだ。秘密収容所内で水責めや睡眠剝奪などの拷問が行われていたことが明らかになり、アメリカ内外で批判が噴出した。

典型的な番犬ジャーナリズムであっただけに、ワシントン・ポストは権力からあからさまな圧力を受けた。報道前にホワイトハウスから「これは最高の国家機密だ。記事がそのまま掲載されれば、外交上の大問題になる。（プリーストらが）刑務所送りになってもいいのか」

などと脅されていた。

ジョージ・オーウェルは「権力が報じてほしくないと思うことを報じるのがジャーナリズム」と喝破した。プリーストはまさに「権力が報じてほしくないと思うこと」をスクープして、本物のジャーナリズムを示したのである。

「番犬」ジャーナリズムの担い手はもはや週刊誌のみ

一般的な読者・視聴者は「大衆迎合的な週刊誌や民放テレビはセンセーショナリズムに走るけれども、新聞は事実を淡々と報じることに徹しているから正確であり、安心して読める」と考えている――これは出版界のベテラン編集者の意見だ。

事実、公益財団法人「新聞通信調査会」が２０２０年に実施した世論調査では、「全面的に信頼している」を１００点とすると、新聞はＮＨＫと並んで69点台を維持し、トップに付けている。正確性という面では、新聞とＮＨＫは読者・視聴者から最も信頼されているメディアかもしれない。

だが、感情や意見を交えずに事実を淡々と報じているからといって「ニュースを正確に伝えている」とは言えない。記者クラブ中心の報道は「権力の動きを正確に伝える」という意味で正確であるにすぎない。権力側の動向を大量に発信し続けているメディアは権力のメガホンと化し、むしろ問題含みだ。

ジャーナリストが目指すべき特ダネは、放っておけば決して明らかにならないニュースを掘り起こす調査報道だ。記者クラブで待機していれば発表になるニュースでもないし、いずれ発表になるニュースを先取りして報じる「記者クラブ的特ダネ」でもない。

番犬ジャーナリズムという観点からすると、週刊誌が理想に近い。「芸能ネタや事件ネタばかり追い掛けている」と批判されたり、報道内容の正確性をめぐって訴訟を起こされたりしながらも、市民目線――つまり「小さな声」――を維持している点で一貫しているからだ。

週刊誌の中でも頭一つ抜けているのが「文春砲」で知られる週刊文春だ。２０２０年に「賭けマージャン」スクープを放ったほか、「森友学園問題」で自殺した近畿財務局職員の遺書を全文公開するなど、世の中に衝撃を与えた。

大震災報道でも気を吐いていたのは週刊誌だった。一例を挙げよう。

あなたの町の「本当」の放射線量は実はこんなに高い――。２０１１年5月24日号の週刊現代は刺激的な見出しを掲げ、警鐘を鳴らした。

どういうことなのか。同誌の独自調査によれば、文科省が公表している全国各地の放射線量データは地上数十メートルの高さで測定されている場合があり、人体への影響という点で不正確であるということが判明したのだ。

例えば東京都。新宿区にある「モニタリングポスト」は地上18メートルの高さにあった。同誌の調べでは、ここで計測される放射線量は実際に人間が行動する地上1メートルの高さと比べ2分の1にすぎなかった。文科省が全国一律の基準を示していなかったことから、各自治体がばらばらの高さでデータを測定している……。

同誌の報道は「放っておけば埋もれてしまいかねないニュース」という意味で発掘型スクープに該当する。

朝日新聞は同年5月27日付夕刊で「放射線測定値、ばらつきなぜ、機器設置地点の高さ、自治体任せ」という記事で追い掛けた。結局、文科省は翌月14日になり、地上1メートルの高さで測定した各都道府県の放射線量の公表を始めた。

週刊現代の報道は社会にインパクトを与え、国民の健康を守るのに一役買ったのである。

週刊誌は不倫報道などセンセーショナルな報道に走りがちであるとはいえ、新聞・テレビ以上に番犬ジャーナリズムを実践している。週刊誌を発行する出版社は、主に新聞社とテレビ局で運営される記者クラブから締め出されているからだろうか。

第3章　「リーク依存型取材」の罪

黒川検事長と賭けマージャンする記者

2020年5月、週刊文春のスクープによって権力とマスコミの癒着体質が白日の下にさらされた。新型コロナウイルスの感染拡大で緊急事態宣言が出ているなか、マスコミ関係者3人が東京高検検事長の黒川弘務（くろかわひろむ）と賭けマージャンをしていたというのだ。

黒川は次期検事総長の最有力候補といわれていた。検察権力のトップに最も近い位置にいたわけだ。一方、マスコミ側は産経新聞の司法担当記者2人と朝日新聞の社員1人。朝日の社員は司法担当記者時代に黒川と取材を通じて知り合いになっていた。

文春報道によれば、黒川は5月1日に産経記者宅に6時間以上も滞在し、3人とマージャンに興じていた。翌日未明になって記者が用意したハイヤーに乗り込み、帰途に就いたという。緊急事態宣言下で彼が3人と賭けマージャンを行っていたのはこの日に限らなかった。

いろいろな点で賭けマージャンは大きな批判を浴びた。まず、緊急事態宣言中であったにもかかわらず、4人は密閉空間で長時間にわたって雀卓（じゃんたく）を囲んでいた。次に、4人は賭けマージャンは賭博行為に該当すると認識していながら、何の罪意識も抱いていなかった。あまりにもバツが悪かったからか、黒川はすぐに辞任した（最終的に略式起訴され、20万円の罰金を支払った）。

もちろんマスコミ側にも逆風が吹いた。記者は目の前で犯罪行為を目撃していたのに、なぜ報道しなかったのか。権力に密着取材しているのではなく権力と癒着し、何も報道できなくなっていたのではないか。

たとえ緊急事態宣言が出ておらず、賭博罪に抵触する行為がなかったとしても、マスコミが権力と癒着しているのであれば大問題である。

「アクセスジャーナリズム」がなぜか肯定されている

マスコミ業界の独自基準に従えば、3人は間違いなくスター記者だ。検察ナンバー2と定期的に雀卓を囲むほど権力に食い込んでいたのだから。「特ダネ記者の中の特ダネ記者」であり、社内では肩で風を切って歩いていたはずである。

事実、日本で最も有名なジャーナリストともいえる池上彰(いけがみあきら)も筆を執り、3人の食い込み力に感嘆している。次は朝日のコラム「新聞ななめ読み」からの引用だ。

〈黒川検事長という時の人に、ここまで食い込んでいる記者がいることには感服してしまう。自分が現役の記者時代、とてもこんな取材はできなかったなあ。

朝日の社員は、検察庁の担当を外れても、当時の取材相手と友人関係を保てているということだろう。記者はこうありたいものだ〉

個人的にはがっかりした。日本を代表するジャーナリストがいわゆる「アクセスジャーナリズム」を肯定するような発言をしている、と感じたからだ。

アクセスジャーナリズムとは、記者が権力側に気に入られ、特別に情報をリークしてもらう手法だ。「リーク依存型取材」と言い換えてもいい。少なくともアメリカの報道界では邪道とされている。

権力側との「アクセス（接近）」を重視するあまり、ジャーナリズムに欠かせない批判精神を失ってしまう――これがアクセスジャーナリズムの本質である。日本では司法記者クラブを筆頭に権力側に配置された記者クラブがアクセスジャーナリズムの一大拠点として機能している。

日本の特ダネ記者「密着すれど癒着せず」

もちろん池上は手放しで3人をたたえていたわけではない。「上司から言われたことは忘れられません。記者の心得として、『密着すれど癒着せず』という言葉でした」と付け加えている。

池上がお手本として挙げているのが読売新聞の特ダネ記者として鳴らした大谷昭宏（おおたにあきひろ）の言葉だ（大谷は毎日新聞上でコメントしていた）。

〈記者は取材相手に食い込むために、お酒を飲んだり、マージャンやゴルフをしたりすることもある。まして黒川氏は検察でいえばナンバー2だ。同業者としては複雑な思いもあり、建前で語りたくはない〉

お酒やマージャン、ゴルフは建前論としては駄目だけれども、記者がこれをやめてしまうと読者にディープな情報を届けられなくなり、新聞は公器としての役割を果たせなくなる――このように大谷は言っているのだ。

池上や大谷の考えは異例でも何でもない。日本の大手メディアで働く記者の多くも同じ思いを抱いている。事実、賭けマージャン発覚後、既存メディア側からは次のような発言が相次いだ。

〈記者は権力の懐に飛び込まなければ駄目。密な関係を築いておかなければディープな情報を取れない〉

〈賭けマージャンは駄目だけれども、一緒に酒を飲みに行ったり、ゴルフに出掛けたりするのは必要。本音で話してもらうために〉

〈親しくなるのは大切。本当に報じるべきニュースを聞いたときには、相手を裏切ってでも書く覚悟でいればいい〉

当事者である産経は賭けマージャン発覚後、「極めて不適切な行為であり、深くおわび申し上げます」としながらも、「報道に必要な情報を入手するために取材対象者に肉薄することは記者の重要な活動」と書いている。

つまり、緊急事態宣言と賭博行為という2点で記者の行為は不適切であるけれども、取材先との密着取材は必要不可欠である、という判断を示したのだ。「権力との密着取材は今後も続ける」と表明したといえる。

補足しておくと、産経は「取材源（情報源）秘匿の原則」を理由に挙げ、「特定の取材対象者」として黒川を匿名にしていた。何とも不思議である。

取材源秘匿の原則は本来、公権力の暗部を暴こうとする内部告発者を守るために存在する。公権力の中枢に位置する黒川に適用されるべきではない。産経は賭けマージャンというスキャンダルから黒川を守るために取材源秘匿の原則を適用していたのか。だとしたら本末転倒である。

出入り禁止の週刊文春がスクープした理由

「密着は必要だけれども癒着は駄目」という考え方は一見すると正論だ。だが、実際には矛盾している。密着と癒着は紙一重であり、線引きは一筋縄ではいかないからだ。

記者は癒着しないように取材先と一定の距離を置くよう求められているというのに、ディープな情報を得るために密着取材しなければならない――。とんでもなく難しいだろう。

ディープな情報を得るために「仲間」を装って取材先の懐に飛び込み、最後に「実は記者として近づいていた」と言って裏切ればいいのだろうか。言うまでもなく、ここには報道倫理上の問題がある（報道以前に人間としての倫理上の問題もある）。

ならばアクセスジャーナリズムを否定すればいい。権力側とお酒を飲んだりゴルフをしたりするのを一切やめ、常にオンレコ（記録あり）で正々堂々と取材するのだ。

こうなると、マスコミ業界の古参記者の間から必ず反論が出てくる。記者は権力側からディープな情報を取れなくなり、国民の知る権利に応えられなくなる、というのである。そんなことはない。権力に密着しなくても――正確には権力に密着しないからこそ――ディープな情報を取れるのである。

それを証明したのが文春だ。

文春は検察首脳から相当嫌われていたはずだ。黒川は文春記者から突撃取材を受けてもノーコメントを貫いたし、東京高検は文春から質問状を受理するのさえも拒否していた。

記者クラブに加盟していない文春はそもそも「記者クラブ村」から仲間外れにされている。黒川のスキャンダルを追い掛けていただけに、事実上の出入り禁止にされていたに違いない。

それでも文春は賭けマージャン事件をスクープできたのである。検察からのリークに頼る取材をしていないから――つまり検察を怒らせても怖くないから――躊躇（ちゅうちょ）なく暗部に迫れるのだろう。

アマゾン創業者ベゾスに密着取材せず特報

海外に目を向ければお手本はいくらでもある。例えば2021年3月中旬にニューヨーク・タイムズに載った調査報道「アマゾンはどうやって労働組合をつぶしたか」だ。

当時、アマゾンでは初の労働組合結成の是非を問う従業員投票が進行中であり、世界的な注目を集めていた。そんななか、同紙の独自取材によって、アマゾンによる強圧的な組合つぶしの歴史的構図が明らかになったのである。

コロナの感染拡大を背景にアマゾンの物流倉庫で働く従業員は過酷な状況に置かれていた。何千万人ものアメリカ人にとってアマゾンは必要不可欠なツールになり、倉庫内の従業員（全米で合計50万人以上）は感染リスクにさらされながら限界状態で働かされていたのだ。

ニューヨーク・タイムズはどうやってスクープをモノにしたのか？　創業者兼最高経営責任者（CEO）のジェフ・ベゾスに密着取材して真相を暴いたのだろうか？

私は非常勤講師を務める早稲田大学大学院で、ジャーナリスト志望の大学院生に聞いてみた。すると、異口同音に「ベゾスに取材しても駄目。従業員側に取材して情報を集めたはず」との答えが返ってきた。正解だ。プロのジャーナリストでなくとも答えは簡単に分かるのである。

記事中で同紙は取材の経緯を明らかにしている。それによれば、内部文書を入手するだけでなく従業員側に密着取材してウラ取りを進め、経営側による脅しの実態を暴いている。同紙は明らかにベゾスには直接取材できていない。それどころか、公式取材をすべてはねつけられている。常に「ノーコメント」という対応しか得られていないのだ。出入り禁止状態にあったといえよう。

記者がアマゾンの絶対的実力者であるベゾスに「アクセス」するのは至難の業といわれて

いる。「絶対に悪いことは書かない」と約束しても、である（彼は自分のプライバシーを重視し、マスコミとの個別インタビューにめったに応じない）。正々堂々と「脅しによる組合つぶしの歴史を取材している」と宣言すれば、門前払いされるのがオチだ。

仮に記者がベゾスと一緒に酒を飲んだり、ゴルフを楽しんだりする関係を築いていたとしよう。ディープな情報を得て国民の知る権利に応えられただろうか。

早稲田大の大学院生が見抜いたように、酒を一緒に飲んでいるからといって、組合つぶしの実態についてベゾスが赤裸々に語るはずがない。アマゾンの不利益になるからだ。むしろ「組合＝悪」という図式を持ち出して、猛烈に記者を丸め込もうとするのではないか。

酔っ払えばベゾスもポロッと口を滑らせて、「威嚇すれば組合つぶしなんて簡単。これまでもやってきた」などと言うかもしれない。だが、「ポロッと口を滑らせる」に期待して密着取材するのはとても正攻法とはいえない。

ここで、ベゾスがどんな対応をするのか二つのケースに分けて比べてみよう。一つはポロッと口を滑らせるケースであり、もう一つは猛烈に記者を丸め込もうとするケースだ。密着取材の結果、どちらが現実になるだろうか。確率的には明らかに後者だろう。だとすれば密着取材は回避したほうがいい。

リスクの高い従業員取材が評価されない日本

個人的にも記者時代に数えきれないほど企業取材をしてきた。特定の企業を取りあげて特集を組むとなれば、「社長インタビューを取るのが大前提」と言われた。社長インタビューを取れない記者は「ダメ記者」との烙印を押された。ここには「経営トップに食い込めてこそ特ダネ記者」という考え方がある。

ところが、「従業員数十人に食い込んで密着取材しろ」と言われることはほとんどなかった。だからなのか、従業員側に食い込んでいなくても「ダメ記者」と呼ばれることはなかった。本来、経営側の視点だけでなく従業員側の視点も取り入れなければ、客観的な報道はできないというのに、である。

ベゾスへの密着取材と従業員への密着取材を比べた場合、記者にとってのハードルはどちらが高いだろうか。「従業員は権力者ではないから簡単に取材できる」と思ったら大間違いだ。

ベゾスは自分の意思でマスコミとのインタビューに応じて、自由に語れる立場にある。何を語ってもクビにされることはない。自分自身が権力者の立場にあるからだ。

一方、従業員は大きなリスクを背負う。勝手にマスコミの取材に応じて正直に職場環境について語ったら、「社内規則に違反した」として懲戒解雇されかねない。記者から「匿名で取材させてほしい」と近寄られても、よほどのメリットを感じない限りOKしないだろう。

確かにベゾスはインタビュー嫌いであるから直接取材は難しい。プライバシーを大事にしているから、記者と一緒にバーへ行って酔っ払うのは論外だろう。

それでも背負うリスクの大きさを考えればベゾスよりも従業員への取材が難しい。何しろ、従業員はマスコミ取材に応じて真実を語るとき、人生を懸けなければならないのだ（ニューヨーク・タイムズはアマゾンに解雇された従業員に密着取材した）。

記者は「50万人以上の倉庫従業員のために一肌脱いでほしい。絶対に迷惑を掛けないようにする」などと言い、説得を試みるわけだ。当然ながら時間がかかり、一筋縄ではいかない。弱い立場の従業員との信頼を築くために、記者はあらゆる手段を使って構わない。必要ならば一緒にお酒を飲んでもいいし、ゴルフに出掛けてもいい。お酒とゴルフという点で権力側への密着取材と共通するものの、意味合いは百八十度異なる。

ただ、記者にとって最も有効な手段はお酒やゴルフではない。このような状況下でこそ、賭けマージャン事件の際に産経が持ち出した取材源秘匿の原則が生きてくる。取材源秘匿の原則は権力者であるベゾスを守るためではなく、大きなリスクを負って内部告発に踏み切る従業員を守るために存在する。

国務長官をファーストネームで呼べる記者は無用

アメリカで調査報道の金字塔とされているウォーターゲート事件の特報を振り返ってみよう。時は１９７０年代前半。民主党本部への盗聴・侵入事件に端を発した一大政治スキャンダルであり、最終的にはニクソン政権が退陣に追い込まれている。

ウォーターゲート事件をすっぱ抜いたのは、ワシントン・ポスト紙のボブ・ウッドワードとカール・バーンスタインだ。２人とも20代後半の若手記者であり、ワシントン政界の権力中枢からは相手にされていなかった。

当時の同紙編集主幹ベン・ブラッドリーは「国務長官ヘンリー・キッシンジャーをファーストネームで呼べるような記者は、ウォーターゲート事件の報道では無用の長物だった」と語っている。賭けマージャン式の密着取材を頭から否定しているのだ。そこからは本物の特ダネは生まれないと考えているのだろう。

ウォーターゲート事件でウッドワードとバーンスタインの２人が見せた調査報道に触発されて、アメリカではジャーナリストを目指す若者が急増した。「権力と二人三脚になってネタを取ってくる記者」ではなく「権力と対立しながら不正を暴く記者」に憧れたからだ。２人が書いた『大統領の陰謀』（ハヤカワ・ノンフィクション文庫）は、ロバート・レッドフォード主演のハリウッド映画の原作にもなった。

ちなみに、２人の取材源は「ディープスロート」として紹介されるだけで、謎に包まれていた。しかし事件から数十年後になってディープスロートの正体が明らかになった。事件当時の連邦捜査局（ＦＢＩ）副長官マーク・フェルトだ。

誤解のないように一つだけ指摘しておきたい。フェルトへの取材は権力への密着取材とは異なるということだ。リトマス試験紙となるのは、正体がバレた場合に取材源が組織に報復されるかどうかである。フェルトは明らかに報復される状況下に置かれていた。だからこそ何十年にもわたって取材源秘匿の原則が適用されたのである。

エンロン事件、経営トップに毛嫌いされた記者が大スクープ

アメリカ史上最大の粉飾事件として2001年に話題になったエンロン事件はどうだろうか。粉飾を暴いた記者は同社のCEOジェフリー・スキリングや会長ケネス・レイに密着取材していたのだろうか。

密着取材どころか毛嫌いされていた。

エネルギー大手エンロンが粉飾決算によって株価をつり上げている可能性をいち早く指摘したのは、有力経済誌フォーチュンの記者ベサニー・マクリーンだ。高成長企業の代表格としてエンロンがウォール街でもてはやされていた真っただ中の2001年3月に、「株価が実態を反映していない」と書いて経営陣の逆鱗(げきりん)に触れている。

マクリーンはフォーチュンの記者になる前、投資銀行ゴールドマン・サックスで働いていた。ゴールドマンと言えば、何人もの財務長官を輩出し、世界中の大企業や機関投資家を顧客にする「ウォール街の王者」だ。

フォーチュン入り後、マクリーンはゴールドマン時代の経験をフルに生かした。エンロンの財務諸表をしらみつぶしに分析したほか、エンロン株を持つヘッジファンドなど機関投資家にも幅広く取材。その結果、「事業内容は複雑怪奇。あまりに多くの財務情報が秘密扱いになっており、どうやって利益を出しているのか理解不能」と断じたのである。

エンロン経営陣はマクリーンを徹底的に排除しようとした。メディア批評家のハワード・

カーツによれば、CEOのスキリングは彼女からの問い合わせに対して「君はちゃんと調べずに取材しており、記者倫理を欠いている」と言い、電話をたたき切った。会長のレイはフォーチュン編集長に連絡を入れ、「エンロン株急落でもうけようとしている空売り筋に彼女は利用されている」などと直接抗議した。

そんな圧力にも屈せずにフォーチュンはマクリーンの記事を掲載した。ところが、同誌以外の主要メディアは数カ月にわたって静観を決め込んだ。エンロンの株価は過去1年間で9割上昇し、同社は自他共に認める優良企業だったためだ。

最終的にはマクリーンの記事の正しさが証明され、同年12月にエンロンは経営破綻に追い込まれた。

〝会員制月刊誌〟が暴いたオリンパスの闇

エンロン事件の特報とそっくりのスクープが日本にもある。スクープを放ったのは大手メディアではなく、2006年創刊の会員制月刊誌ファクタ。2011年7月発売の8月号でオリンパスを特集し、同社が20年間にわたって隠し続けていた巨額損失の実態を暴いた。そんななか、「権力への密着取材」にこだわる日経新聞が空回りし続けていた。

記事を書いたのは元日経記者の山口義正（やまぐちよしまさ）。オリンパスの実力者だった菊川剛（きくかわつよし）ら経営陣から嫌われ、事実上の出入り禁止状態に置かれていた。それでありながら地道な取材を重ね、翌年の「雑誌ジャーナリズム賞」の大賞受賞につながるスクープをモノにした。

エンロン事件との共通項は二つある。第一に、オリンパス事件では粉飾決算が焦点になっていた。エンロン事件と同じである。第二に、山口は証券アナリストの資格を持ち、財務分析を得意にしていた。エンロン事件を暴いたマクリーンもゴールドマンで経験を積み、やはり財務に明るかった。

山口はオリンパス内部に非公式のパイプを築くと同時に、バランスシート（貸借対照表）に異常を見いだした。経営陣に密着取材しなくても十分なウラ取り取材を行えたのである。

ここは重要なポイントである。マクリーンや山口のような記者は専門性を備えているからこそ常識を疑い、権力側が隠そうとする「不都合な真実」を明らかにできるのである。ジャーナリストに欠かせない懐疑主義（スケプティシズム）を生来的に備えているといえよう。

日経はオリンパス経営陣の代弁者か

企業報道に強いはずの日経はどうしていたのか。経営陣への密着取材にこだわり続けた結果、ファクタの報道にまったく追随できなかった。事実、ファクタのスクープから3カ月近くにわたって何も報じなかった。オリンパス社内で疑惑を追及したイギリス人社長のマイケル・ウッドフォードが解任されても、疑惑に目を向けなかった。

ウッドフォード解任直後からの日経の報道を検証してみよう。

①10月14日夕刊。ウッドフォード解任を伝える記事の中で、当時会長の菊川が会見で語った「(ウッドフォードは)独断専行的な経営判断で組織間の連携を損なった」というコメントを紹介。

②10月15日朝刊。「構造改革の継続カギ」という記事中、「当社の企業風土や日本の文化を経営に生かすことも必要なことが理解できなかったようだ」(菊川)など、ウッドフォードを批判するオリンパス幹部のコメントを改めて紹介。

③10月17日夕刊。「解任理由食い違い」という記事の中で、海外メディアの記事を引用する形で「過去の企業買収で過大な支出があったと指摘したことが解任の理由」というウッドフォードの発言を引用。同時に、オリンパス首脳の主張を再度紹介。

④10月18日朝刊。「会社側、法的措置も検討」という記事を掲載。この中で、オリンパス側がウッドフォードによる社内情報の外部提供を問題視し、法的措置を含む検討をしていると指摘。

⑤10月18日夕刊。菊川との単独インタビューを掲載し、2008年に英医療機器メーカーを買収した際に払った手数料について「公認会計士や弁護士の第三者意見を得ており適正だ」というコメントを掲載。

まるでオリンパス経営陣の代弁者のような紙面作りになっていないか。「オリンパス経営陣=権力」「ウッドフォード=内部告発者」という図式で見れば、日経は「権力への密着取材」で空回りしていたのである。

日経が英経済紙フィナンシャル・タイムズの買収を決めた2015年、日経社長の岡田直敏は記者会見で「日経は当初オリンパス側の言い分を垂れ流すだけだった」と指摘されると、「多少出遅れたのかもしれないが、何か遠慮していたということではなかった」と回答。明らかに苦しい言い訳をしている。

アクセスジャーナリズムはPRと同じ

アマゾン組合つぶし、ウォーターゲート事件、エンロン事件、オリンパス事件――。いずれも権力への密着取材とは無関係に生まれたスクープという点で共通する。

だとすれば、マスコミは今すぐにでも「権力への密着からスクープが生まれる」という幻想を捨て去るべきだ。

アクセスジャーナリズムが根付くと、記者は事実上政府や企業のコントロール下に置かれてしまう。ネタ欲しさのあまり相手に都合が悪いことを一切報じなくなり、政府や企業を持ち上げる「よいしょ記事」ばかり書くようになる。

記者クラブ内でいわゆる「特オチ」を嫌がる文化が根強い点も見逃せない。他社が一斉に同じニュースを報じているなかで一社だけ蚊帳の外に置かれる状況だ。そのためクラブ内ではどのメディアもこぞって権力側にすり寄ろうとする。こうなるともはやジャーナリズムではなく、事実上「政府広報紙」「企業広報紙」と変わらなくなる。

ジョージ・オーウェルは「権力が報じてほしくないと思うことを報じるのがジャーナリズム。それ以外はすべてPR（広報活動）」と定義している。これに従えば、アクセスジャーナリズムはPRと実質的に同じである。

その意味では、特オチとは「政府（あるいは企業）が報じてほしい情報を一社だけ報じていない状況」である。

米ジャーナリズム専門誌コロンビア・ジャーナリズム・レビューの2014年2月号によれば、アクセスジャーナリズムは取材相手に説明責任を求める「アカウンタビリティージャーナリズム」の対極に位置する。アカウンタビリティージャーナリズムは調査報道と同義と考えていい。同誌によれば、両者は次のように対比できる。

〈権力側が持っている内部情報を報じるのがアクセスジャーナリズムであり、権力側に位置する組織や人間について報じるのがアカウンタビリティージャーナリズム。前者は権力側が言ったことをそのまま読者に伝え、後者は権力側の行動を監視して読者に伝える報道形態である〉

河野太郎が語る「風呂場の番記者」

いかにアクセスジャーナリズムが日本のマスコミ界にはびこっているのかを示す衝撃的エピソードが一つある。権力者の自宅に上がり込み、風呂場の浴槽の中に隠れる番記者の話だ。

私が「風呂場の番記者」の話を聞いたのは2012年のことだ。同年、衆議院議員の河野太郎が『官報複合体』の単行本版を読んで気に入り、数回にわたって私との対談に応じてくれた。そのなかで自分の若いころを振り返り、父・河野洋平を担当する番記者の話をしたのである（父・洋平は外相や衆議院議長を歴任した大物政治家）。

対談をまとめた共著『共謀者たち』（講談社）の中で、河野は「風呂場の番記者」について次のように回想している。

〈夜、父が帰ってくると、一緒に父の番記者が、ぞろぞろと宿舎に上がってきた。次々と入ってくる記者たちの革靴で、玄関は埋め尽くされた。

私はしばらく記者たちにビールやウィスキーの水割りをつくって出したりしていたが、父が記者たちと懇談している最中にひと風呂浴びてしまおうと、その場を抜けて浴室に向かった。風呂場に入り、浴槽の蓋を開けると、スーツを着て、靴を持った男と目が合った。

私はびっくりして後ずさりした。男は口に指を当て、小さく「シッ」。私も知っている記者だった。

「どうしたの、こんなところで」

「他の記者がいたら聞けない話があるから隠れている。オヤジさんも知っているから、みんな帰ったら呼んで」〉

ここには権力者との「アクセス」を求めて血のにじむような努力をしている記者の姿がある。権力者に気に入られ、耳寄りな情報をいち早くリークしてもらうためには、何でもしなければならない——。アクセスジャーナリズムから「権力のチェック役」は生まれない。

私は河野と対談しているうちに「政治家の中では彼は問題意識も行動力も頭一つ抜けている」との印象を抱くようになった。

2020年9月に菅政権の行政改革担当大臣に抜擢されて注目を集めた河野。昔からタブーに果敢に挑戦するというスタイルを貫いている。

例えば、対談中には具体的な数字を示しながら、「電力業界が原発政策を有利に進めようとして、言論抑圧を狙ってマスコミに多額の広告費を使っている」などと断じていた。経産省とマスコミを敵に回しても怖くない——そんな気概を見せていた。

自分で証拠を集めて問題点を浮き彫りにするというのが河野流であり、ここには調査報道と共通する部分がある。彼にとってアクセスジャーナリズムが奇異に見えるのも当然である。

第4章　無意味な特ダネ競争

価値ゼロのエゴスクープ

アクセスジャーナリズムと不可分の関係にあるのが無意味な特ダネ競争だ。「公益にかなう報道」とは関係なく、マスコミ業界内で繰り広げられる内輪の競争である。

第2章で紹介したジェイ・ローゼンの「スクープ4形態」に戻ろう。これに従えば、無意味な特ダネの代表例はスクープ第2形態の「エゴスクープ」だ。「放っておいてもいずれ明らかになるニュース」をすっぱ抜くスクープであり、日本では「前打ち報道」とも呼ばれる。

日本語にすれば「自己満スクープ」になるエゴスクープ。具体例としては「東京地検特捜部はあすにも家宅捜索に踏み切る」や「A社とB社は週内にも経営統合で合意する」といった記事が挙げられる。いずれも記者の努力がなくてもいずれ公になるという点で共通する。

ローゼンはエゴスクープを次のように定義している。

〈エゴスクープの特徴は放っておいてもいずれ明らかになる点。何もしなくても発表されるニュースであるにもかかわらず、それを誰よりも早く報じようとしてしのぎを削っている記者がいる。読者の立場からすれば、誰が初報を放ったのかはどうでもいい話であり、こんなスクープの価値はゼロである。

でも、この種のスクープを放った記者に対して「こんなスクープは実質的に無意味だ」と言ったら猛反発されるだろう。きょうも典型的なエゴスクープを目にした。ウォルト・ディズニーの幹部が退任するニュースについて誰が初報を放ったかをめぐり、ツイッター上で議論が巻き起こったのだ。

エゴスクープを放って喜んでいる記者は、報道界という狭い内輪の世界で競争しているにすぎない。公益とはまったく関係ない世界に身を置き、自己満足しているだけだ。そんな記者を見たら笑い者にしてやろう！〉

ローゼンの基準では「エゴスクープの価値はゼロ」なのである。

NHK「生前退位」報道は本物のスクープではない

エゴスクープの弊害は大きい。第一に、記者がブラック労働を強いられる。発表されたり、他社に抜かれたりしないようにするため、昼夜問わず限界まで奔走する取材合戦に放り込まれる。特オチ回避は至上命令なのだ。

第二に、アクセスジャーナリズムと紙一重だ。というか、アクセスジャーナリズムを受け入れなければエゴスクープはまずモノにできない。こうなるとマスコミが権力側と癒着しかねず、記者のブラック労働よりも深刻な問題となる。

にもかかわらず、日本にはエゴスクープこそ「本物のスクープ」と思い込んでいるマスコミ関係者は多い。

北海道警察裏金事件を調査報道で暴いた高田昌幸（たかだまさゆき）は、著書『真実　新聞が警察に跪（ひざまず）いた日』

（角川文庫）の中で北海道新聞時代を次のように振り返っている。

〈私が道警担当の現場記者だったころ、道警記者クラブの北海道新聞ブースは記者室の一番奥にあった。机と椅子、寝床代わりのソファで足の踏み場もない。ブースの一角には、手書きの棒グラフが掲示され、各記者の名前ごとにグラフの棒が上に伸びていた。グラフにはキャップの名前を冠した「○○杯争奪」というタイトルがつけられている。

捜査情報などで他紙に先んじる「スクープ」を書いたら、グラフは上に伸びる。棒の長い記者は優秀で、上に伸びない記者はダメ記者と呼ばれてしまう。営業など成果を数字で示すことが可能な世界では、成績グラフは珍しくないかもしれないが、報道の世界での成績グラフは、どう考えても不似合いだ。でも、そんな疑問を口に出す人はいなかった〉

エゴスクープ至上主義を見事に示すエピソードといえよう。

報道現場に限らず、報道界の頂点にもエゴスクープは蔓延（まんえん）している。新聞協会賞を受賞することもあるのだ。皇室絡みだけで二つある。

一つは、２０１６年に編集部門で新聞協会賞を受賞したＮＨＫの「天皇陛下『生前退位』の意向」である。日本新聞協会は「現代にふさわしい皇室像や憲法改正を巡る国民的議論を提起し、報道機関の存在意義を知らしめた。皇室制度の歴史的転換となり得るスクープ」と評価した。

確かに生前退位は皇室の歴史的転換点であり、大きなニュースである。とはいえ、「生前退位」というニュースを先取りしたからといって、NHKは何か社会に大きな変化を起こせたわけではない。NHKのスクープがなくても生前退位が起きて歴史的転換点になっていたはずだ。

もう一つは、2005年にやはり編集部門で受賞した朝日の「紀宮さま、婚約内定」だ。同じ皇室絡みの協会賞受賞作とはいえ、歴史的転換点と位置付けられるようなニュースではない。では、どうして受賞作に選ばれたのか。

日本新聞協会は「報道各社が激しい取材競争を展開する中、長年にわたる取材の努力を結実させ、他の追随を許さず、国民の関心事をいち早く伝えるという報道の使命を果たした」と説明している。

ここからは二つのポイントが読み取れる。一つは他社の追随を許さない報道であり、もう一つは国民の関心事をいち早く伝える報道である。

ここにどんな意味があるのだろうか。ローゼンが言っているように、マスコミという狭い内輪の世界で各社が競争しているにすぎないのではないか。朝日が他社に先駆けて「婚約内定」を伝えても、社会には何のインパクトも与えていないのだから。

目指すべきスクープは発掘型と思考型

第2章で述べたように、ローゼンの「スクープ4形態」のうち第1形態は発掘型スクープであり、衝撃的な事実を掘り起こすなど典型的な調査報道である。第2形態はこれまで述べたようにエゴスクープであり、自己満足型の「価値ゼロのスクープ」だ。

では、第3形態と第4形態は何か。「業者スクープ（トレーダーズスクープ）」と「思考型スクープ（ソートスクープ）」である。発掘型スクープと共に「公益にかなう報道」として追求されるべきなのが思考型スクープだ。単純化して言えば「記者が水面下で起きている変化を理解して、説得力ある形で初めて意義付けするスクープ」と定義される。

業者スクープはエゴスクープから派生している。放っておいてもいずれ明らかになるニュースという点ではエゴスクープと同じであるものの、特殊な状況下に置かれている一部読者にとっては重要だ。具体的にはヘッジファンドや為替ディーラーら市場関係者である。

一例は大型合併をすっぱ抜く特ダネだ。大型合併は企業の株価に影響を与える。短期売買で大もうけを狙っているヘッジファンドであれば、常に一刻一秒を争っており、大型合併ニュースに即座に反応しなければならない。だから業者スクープから目を離せない。

ただ、一般読者にとって業者スクープはエゴスクープと同じであり、何の価値ももたらさない。一般読者を念頭に置いている限り、「業者スクープ＝エゴスクープ」と見なして構わない。

どうでもいい銀行合併ニュースが新聞協会賞の常連

エゴスクープの価値がゼロであることを示す格好の事例がある。銀行合併のスクープだ

（厳密には合併スクープは業者スクープではあるものの、ここでは議論単純化のためにエゴスクープに分類しておく）。

1996年の三菱銀行・東京銀行の合併、2000年の第一勧業・富士・日本興業の3行経営統合、2005年の三菱東京フィナンシャル・グループとUFJホールディングスの経営統合――。いずれも銀行合併（経営統合も実質的に合併）である点で共通する。

マスコミ関係者ならばもう一つ共通項を加えるだろう。すべて新聞協会賞受賞に輝いたニュースなのである（スクープしたのはすべて日経）。

一方で、新聞協会賞と無縁の銀行合併もある。一つは1990年の三井銀行・太陽神戸銀行の合併であり、もう一つは2001年の住友銀行・さくら銀行の合併だ。同じ銀行合併なのに新聞協会賞を逃しているのはなぜなのか。ニュース価値が低いのだろうか。

もちろんそんなことはない。どれも金融大再編を象徴する大ニュースである。住友銀・さくら銀の合併などが受賞の対象外になったのは、新聞協会賞が「読者にとって価値あるニュースかどうか」ではなく「他社に先駆けてスクープできたかどうか」を審査基準にしていたためだ。

「他社に先駆けてスクープできたかどうか」という点は、日本のマスコミ業界内では極めて重要だ。通常、大型合併は当事者同士で極秘に進められるため、部外者の記者が交渉内容を把握するのは至難の業だ。大型合併をスクープした記者はマスコミ業界内で注目され、特ダネ記者扱いされる。

とはいっても、読者にとってはニュース価値があるかどうかが重要であり、初報を放ったメディアがどこであろうがどうでもいい話である。そもそもスクープがなくてもいずれ合併は成立する（スクープによって合併交渉が頓挫するケースはある）。

本物のスクープは世の中に大きなインパクトを与える。社会的弱者の救済に道を開いたり、権力の暴走を防いだりする。エゴスクープはマスコミ業界内の競争にすぎず、世の中を変えるわけではない。ローゼンが「公益と無関係」と断じるゆえんである。

ピュリツァー賞にかすりもしない〝日本の特ダネ〟

アメリカでは大型合併のスクープはピュリツァー賞にかすりもしない。歴史に残るような大型合併をすっぱ抜いても、である。

仮にトヨタ自動車とゼネラル・モーターズ（GM）が合併するとしよう。日米の自動車最大手が合併するのだから、世界の自動車産業の大再編につながるかもしれない。こんなニュースを特ダネにできたら、新聞協会賞の受賞は間違いない。

なぜなら、「合併」よりもニュースの衝撃度で劣る「提携」でも新聞協会賞を受賞できるからだ。1982年、トヨタとGMの提携交渉について日経が特報し、同賞を受賞している。

では、同様の特報は、本家ピュリツァー賞の審査委員からどんな評価を受けるだろうか。受賞どころか最終選考にも残らないだろう。エゴスクープであり、世の中に何のインパクトも与えないからである。

時計の針を1998年へ戻してみよう。この年、M&A（企業の合併・買収）史上で歴史的な案件が実現した。独ダイムラー・ベンツと米クライスラーの合併によるダイムラークライスラーの誕生だ（2007年に合併解消）。

これが「世紀の合併」と言われるほど注目されたのは、アメリカ産業を象徴するビッグスリー（3大自動車メーカー）の一角が外国資本（ダイムラー）にのみ込まれることを意味したからだ。外国企業によるアメリカ企業の買収としては過去最大だったことも話題になった。

ダイムラーとクライスラーの合併をスクープしたのは経済紙ウォールストリート・ジャーナルの記者スティーブン・リピンだ。それまでに銀行業界でケミカル・バンキングとチェース・マンハッタンの合併、通信業界でMCIとワールドコムの合併、日用品業界でジレットとデュラセルの合併を特報し、経済報道分野では特ダネ記者として有名だった。

私も同時期に日経記者としてニューヨークに駐在し、「こんな特ダネ記者がいるのか」と驚いたのを覚えている。

ところが、ダイムラーとクライスラーの合併スクープはピュリツァー賞の受賞はおろか、受賞候補リストにさえ入っていなかった。日本も含め国際的なインパクトは抜群であったのに、である。

それから10年余り経過した2010年、私はピュリツァー賞事務局長シグ・ギスラーにインタビューするため、ニューヨークのコロンビアJスクールを訪ねた。わくわくしていた。事前に用意した質問事項の中にダイムラーとクライスラーの合併スクープも入れていたからだ。一体どんな答えを聞けるのだろう！

インタビュー開始早々、単刀直入に聞いてみた。「なぜダイムラーとクライスラーの合併スクープは無視されたのですか？」

ギスラーは面食らった表情を見せた。にわかに質問の意図を理解できないようだった。

「そう言えばそんなニュースもあったね。なぜピュリツァー賞の候補に挙がると思うの？」

「世界的に注目を集めた大型合併をウォールストリート・ジャーナルがスクープしました。日本だったら間違いなく最高のジャーナリズム賞を受賞しています」

「受賞の条件として重要なのは、埋もれたニュースを掘り起こし、世の中に大きなインパクトを与えること」

言うまでもないが、いずれ発表されるニュースを先取りしても、世の中を大きく変えることはできない。

癒着疑惑のスクープ記者がＰＲ会社に転職

ダイムラーとクライスラーの合併スクープが「権力のチェック」どころか「権力の応援団」的な報道であった点もマイナス材料と見なされたのだろう。メディア批評家のハワード・カーツは、マスコミ業界の実態についてルポした『フォーチュンテラーズ』（ダイヤモンド社）の中で、リピン流の特ダネについてこう書いている（原書から引用。筆者訳）。

〈リピンが特ダネを連発していることについて、マスコミ業界内では「取材対象企業と単に癒着しているだけではないのか」といった懸念が出ている。

企業側にしてみれば、リピンへのリークには大きな利点がある。リークによって正式発表前に「プレスリリース原稿」を有力経済紙に掲載してもらえるのだ。広告料なしで。プレスリリース原稿とは、批判を加えずに企業側の発信情報をそのまま伝える記事のことだ。

なぜこんな原稿になるのか。リピンは極秘情報をリークしてもらうために、企業側と良好な関係を築いておかなければならないからだ。第三者のコメントを入れて客観性を高めることもできない。記事掲載前に第三者にコメントを求めたら、リーク情報を外部に漏らす格好になり、スクープをモノにできなくなる。

企業側には2日連続で宣伝してもらえるという利点もある。1日目にリピンが1面トップで報じ、2日目に他紙が一斉に追い掛けるのである。

リピンの特報を受けて、合併する両社のトップは記者会見を開く。大勢の記者が集まった会見場で、すでにウォールストリート・ジャーナルが大々的に宣伝してくれた合併計画を改めて発表するわけだ〉

つまり、カーツはリピン流の特ダネを評価していないのである。特ダネとはいっても、プレスリリースを書き直したような内容だからだろう。リピンは2001年にPR会社へ転職している。

コロンビア・ジャーナリズム・レビューは2012年1・2月号で経済ジャーナリズムを巻頭で特集し、リピンを集中的に取り上げている。経済報道のお手本としてではなく反面教師として。

〈リピン流報道は市場や業者に仕えるための報道と変わらない。権力監視型報道から後退している。深い分析よりもスピード、背景説明よりも速報性、地域社会（略奪的融資や所得格差など）よりも社内論理（企業収益など）を優先している。インサイダー的・表面的・スクープ至上主義的ともいえる。企業や政府の一挙手一投足を追い掛けるだけで、社会システム上の本質的問題を浮き彫りにする作業を回避している〉

このような報道になるのは、合併交渉を進める企業側が記者にリークすることによって生まれる特ダネだからだ。例えば、「経営者のエゴ丸出しの合併」と書かれると分かっていたら、企業側はリークしないだろう。「好意的に書いてくれる」と確信を持てる場合に限って積極的にリークするのである。

エゴスクープが蔓延するマスコミ業界

銀行合併スクープが新聞協会賞の常連になっているのが象徴しているように、日本の経済報道では昔からリピン流が幅を利かせている。本家アメリカ以上に、である。

リピン流報道が象徴するエゴスクープを見てみよう。私が定量分析を試みたところ、エゴスクープが日本で蔓延している実態が明らかになった。

私が行ったのはシンプルな分析だ。2016年の6～8月、全国紙5紙（読売、朝日、毎日、日経、産経）と東京新聞を対象に、各紙朝刊1面に載った記事をすべて点検・分類したのである（当時コラム連載していたニュースサイト「現代ビジネス」で集計結果を発表した）。

集計結果はエゴスクープへの傾斜をしっかりと裏付けていた。記事本数で比べると、ローゼンが挙げるスクープ4形態の中でエゴスクープが突出しており、スクープの大半がエゴスクープという状況になっていた。

新聞別でエゴスクープが最も多いのが日経だった。エゴスクープは合計100本以上に上り、日経に次いでエゴスクープが多い読売の2倍以上になっていた（便宜的に業者スクープもエゴスクープとして分類）。コラムや読み物を除いたニュース記事全体に占める割合は4割以上に達し、2割以下の他紙と比べて際立っていた。

興味深かったのは6月23日付の紙面だ。当日はイギリスの欧州連合（EU）離脱（ブレグジット）の是非を問う国民投票実施日だった。さらには前日に第24回参議院選挙が公示され、選挙戦がスタートを切っていた。重大ニュースが相次いで世の中が大騒ぎしていたわけだ。

にもかかわらず、1面には3段見出しの記事「マルハニチロは早ければ2018年度にも完全養殖したクロマグロの輸出を始める」という記事が載っていた。ブレグジット国民投票や参院選スタートと並ぶほどの重大ニュースだったのだろうか。

実は、1面にニュースを載せる記事を選ぶ基準は「重大ニュースであるかどうか」に加えて「独自ニュースであるかどうか」もある。「独自」であれば「重大」でなくても1面ニュースへ格上げされる。

本来、独自ニュースとは「記者の努力がなければ永遠に埋もれしまうニュース」のことであり、アメリカでは「オリジナルジャーナリズム」とも呼ばれる。これに該当するのはスクープ4形態の発掘型スクープや思考型スクープだ。

だが、日本のマスコミ業界では「放っておいてもいずれ明らかになるニュース」も独自ニュースとして扱われる。つまりエゴスクープも独自ニュースとなっている。「完全養殖クロマグロの輸出」もエゴスクープだ。

第一歩は新聞協会賞の審査基準を変えること

弊害の多いアクセスジャーナリズムから脱却するためにマスコミがやらなければいけないことは何か。規律や自制心ではない。「密着は必要だけれども癒着はするな」と精神論を語ったところで線引きは難しく、同じ問題が繰り返されるだけだ。

脱アクセスジャーナリズムの決定打ははっきりしている。エゴスクープ至上主義があるからアクセスジャーナリズムがはびこっている。ならば、マスコミはエゴスクープと決別し、本物のスクープを目指すようにすればいいのだ。

エゴスクープを新聞協会賞から排除するのは第一歩だ（近年エゴスクープは減りつつあ

る)。そうすればアクセスジャーナリズムへの依存度を下げることができる。

ニューヨーク・タイムズはジェフ・ベゾスにすり寄らないで「アマゾンの組合つぶし」の実態を暴いた。ウォーターゲート事件やエンロン事件、オリンパス事件でも記者は権力にすり寄らずにスクープをモノにした。より正確に言えば、権力にすり寄らないからこそ大スクープを生み出せるのである。そのようなスクープは枚挙にいとまがない。

権力側からのリークに頼らないのであれば、記者は権力者と賭けマージャンをやる必要もなくなる。

第5章　内部告発冬の時代

マリエの「枕営業」告発、大手ディアはそろって完全スルー

健全な民主主義を維持するためには強力なジャーナリズムが欠かせない。権力をチェックして弱者を守る報道機関が機能不全に陥っていると、民主主義の土台が揺らぐ。中国やロシアの現状を見れば一目瞭然だ。

残念ながら日本のジャーナリズムの現状はお寒い限りだ。２０２1年4月、モデルでタレントのマリエがインスタグラムの生配信でいわゆる「枕営業」を強要されたと内部告発し、ネット上で激震を巻き起こした。にもかかわらず、大手新聞・テレビ局は完全にスルーしたのである。

なぜなのだろうか。「古い話でウラも取れていないから報じる価値なし」「一芸能人の暴露話に付き合っていられない」などと思っているのだろうか。

だとしたら本質を見誤っている。マリエの告発は公益性が高く、報道機関が最優先で取り組まなければならないテーマだ。芸能界全体にセクハラが蔓延し、大勢の女性が被害に遭っている可能性があるのだから。

告発内容は実名入りで衝撃的だ。15年前の18歳当時、テレビ界で売れっ子だった島田紳助から肉体関係を迫られ、現場に居合わせたタレントの出川哲朗やお笑いコンビ「やるせなす」からも煽られたという。

マリエは枕営業を拒否している。所属事務所に相談したところ、守ってもらえるどころか

逆に「仕事がなくなるよ」と脅された。その後、因果関係が確認されているわけではないもののの、実際に紳助司会の番組を降板している。

生配信では「私は殺されるかもしれない」とも涙ながらに訴えている。告発内容が真実であるとすれば、無理もない。内部告発者として巨大権力である芸能界やテレビ界の暗部を暴く格好になっていたからだ。

紳助はすでに芸能界を引退している。一方、出川と「やるせなす」の事務所は告発内容を否定している。

確かに彼女の証言以外に証拠がなく、どこまで本当なのか分からなかった。だからといって大手メディアがスルーする理由にはならない。自らウラ取りすればいいのだ。報道機関にとってウラ取りは競争力の源泉なのだから、当たり前のことである。被害者側に証拠集めを丸投げしているのであれば、報道機関として失格だ。

「#MeToo」報道はピュリツァー賞受賞

マリエの告発は2017年秋に米ハリウッドで表面化したセクハラ事件と酷似している。大物プロデューサーのハーベイ・ワインスタインがカネと権力を武器にして、数十年にわたって性的暴行やセクハラに手を染めていたのだ。

だが、大手メディアの対応は日米で百八十度異なっている。アメリカでは大手メディアが被害者の声を集めるとともに綿密なウラ取り取材を重ね、2017年10月に特報を放っている。これこそ世界的な「#MeToo」運動の起点であり、理想的スクープだ。

特報をモノにしたのは、高級紙の代表格ニューヨーク・タイムズと硬派雑誌の代表格「ニューヨーカー」だ。世界的な反響を呼び起こし、翌年の2018年4月にはピュリツァー賞を受賞。しかも、両メディアが獲得したのは同賞の中で最も格が高い公益報道部門の金賞である。

コロンビアJスクールのピュリツァー賞事務局は両メディアの功績について次のようにコメントしている。

〈権力者の暴走を暴き、社会に大きなインパクトを与えた意義はとてつもなく大きい。ハリウッドの頂点に君臨する大物プロデューサーが何人もの女性を性的に虐待してきたというのに、これまで何も表沙汰にならなかった。今回の報道によってカネと権力を持つ性的虐待者が責任を取らされるだけでなく、女性の権利確立に向けて世界的な運動が始まったのである〉

ちなみに、両メディアの特報は「スクープ4形態」のうち第4形態の思考型スクープに該当する。これまでセクハラ疑惑は常にうわさに上っており、個別には目新しさはなかった。だが、両メディアが「セクハラは犯罪」と意義付けし、「#MeToo」というフレーズを生み出した点で「公益にかなう報道」のお手本なのである。

ジェイ・ローゼンによる定義は次の通りだ。

〈これは知的なスクープであり、スクープ４形態のうち最も認識されにくい。「新たな洞察力を働かせた報道」ともいえる。つまり、誰よりも先に、①世の中の新潮流をとらえたフレーズを生み出す、②水面下で起きている変化を定義する、③目の前で起きている何かを理解して意義付けする——といった特徴を持っている。

ニューヨーク・タイムズの編集者は「誰でもすべての点を見ることができる。しかし点と点はつながっていない。みんなにとって意味があり、説得力ある形で最初に点と点をつなげることができれば、何らかのスクープを生み出したことになる」と語る。このようなスクープは「コンセプチュアルスクープ（概念型スクープ）」とも呼ばれる。

最も有名な思考型スクープの一つは月刊誌「アトランティック」に載ったフィーチャー記事「ブロークン・ウィンドウズ（割れ窓）」だ。従来と異なる治安維持方法に注目し、アメリカ全体の犯罪や刑罰を取り巻く状況が大きく変化したことを浮き彫りにしている。このようなスクープを放った記者は称賛に値する〉

内部告発者を全面支援する米大手メディア

言うまでもなく、被害者側の話を一方的に伝えていてはピュリツァー賞にはかすりもしない。両メディアは加害者のワインスタイン側も含めて多角的に取材している。

ニューヨーク・タイムズを見てみよう。同紙は被害者の説得に当たるとともに、何カ月もかけてウラ取り取材に奔走している。

インタビュー、裁判記録、電子メール、社外秘文書――。証拠集めのルートはさまざまだ。証拠はワインスタインと被害者の間の守秘義務契約を含み、インタビュー相手は現従業員・元従業員や映画業界関係者ら何十人にも及んだ（ワインスタインは有力映画会社ミラマックスとワインスタイン・カンパニーを経営していた）。

ハリウッドでは何年にもわたり、ワインスタインをめぐってセクハラ疑惑がささやかれていた。それでも決定的な証拠があるわけでもなく、疑惑が表面化することはなかった。多くの被害者は泣き寝入りを強いられていたわけだ。ニューヨーク・タイムズとニューヨーカーが立ち上がるまで。

取材は女性記者ジョディ・カンターとミーガン・トゥーイーが担当。2人が共著『その名を暴け』（新潮社）出版前に同紙とのインタビューで語ったところによれば、一番大変だったのは被害者の説得だ。2人が説得に際してよく使ったフレーズがある。「あなたの身の上に起きた悲劇は取り消せません。でも、私たちに協力して真実を語ってくれれば、同じような悲劇が繰り返されるのを防げます」

その後、ワインスタインはどうなったのか。報道がきっかけになって捜査当局が動き出したことで逮捕・起訴され、2020年3月には23年の実刑判決を言い渡されている。

「次元の高い問題を扱う」というゆがんだプライド

日本の芸能界でもかねて枕営業のうわさがある。そんななか、吉本興業を代表する芸人であった紳助をめぐって実名告発に名乗り出る女性が現れたわけだ。「芸能界＝ハリウッド」「吉本興業＝ワインスタイン・カンパニー」と見なせば、ここにはワインスタイン事件と同じ構図がある。

大きな違いが一つある。マリエは孤立無援なのだ。大手メディアから完全に無視され、ネットや週刊誌上で話題になっているにすぎない。なぜなのか。大手新聞社で社会部経験のある現役ベテラン記者に匿名を条件に聞いてみたところ、新聞界は以下の理由で消極的であるという。

第一に、「われわれは次元の高い問題を扱っている」というゆがんだプライドを持っている。そもそも芸能ネタにニュース価値を見いだしておらず、枕営業は仮にあったとしても下品であり論外と考えている。

第二に、ジェンダー問題に対する感覚がマヒしているため、時代に追い付けていない。マリエの告発は女性の人権に直結するテーマであるのに、「芸能界でよくある話」と片付けてしまって人権問題として取り上げる発想に至らない。

第三に、調査報道に真剣に取り組んでいない。「マリエはウソをついているかもしれない」と考えて訴訟リスクを気にしている。自ら証拠を集める気概を欠いている。だから「警察が動いた」「刑事告発が起きた」といった〝事実〟を得られなければ、何も書けない。

では民放テレビ局はどうか。メディアのコングロマリット（複合企業）化という構造問題を考えれば、置かれた状況は同じである。

「メディア集中排除原則」があるにもかかわらず、大手新聞社と大手民放テレビ局はコングロマリット化して系列関係にあるのだ。新聞社側からの〝天下り〟が民放テレビ局社長に就くことも多い。こうなると、同じ系列の新聞社とテレビ局がまったく異なる報道をするわけにはいかなくなる。

フジテレビが自社ニュース番組で枕営業を取り上げるか

現実には民放テレビ局は新聞社以上にマリエに触れにくい立場にある。吉本興業やジャニーズを筆頭に芸能界とズブズブの関係にあり、芸能界に対して忖度しがちなのだ。２０２１年春にスタートしたＴＢＳ系朝番組「ラヴィット！」では出演者の大半が吉本興業の芸人であることが話題になった。

自社番組と関係していればなおさらだ。マリエの告発で焦点になっていたのは、彼女が紳助と共演していたフジテレビ系バラエティ番組「クイズ！ヘキサゴン」である。フジテレビは社内に当時の関係者を抱えているだけに、取材上有利である。それでも同社報道局がマリエや紳助を徹底取材し、自社ニュース番組で取り上げる展開はあり得ないだろう。

民放テレビ局はさじを投げるしかないのか。そんなことはない。ジャーナリズムの原点に忠実であるならば、報道局は独立性を保って視聴者を第一に考えて行動すればいいのだ。経営陣からの圧力に屈してはならないし、芸能界に忖度してはならない。

そもそもメディア企業は報道機関を名乗る限り、ファイアウォール（業務の壁）を設けて報道部門の独立性を担保しなければならない。報道部門が社内外の圧力を受ける状況下に置かれていれば、ジャーナリズムを実践できなくなる。

アメリカの民放テレビ局であれば、CBSの看板報道番組「60ミニッツ」のように権力に屈しない調査報道番組がある。取材チームは経験豊富なジャーナリストで構成されており、ドラマやバラエティなどエンターテインメント部門とは縁がない（もちろん経営部門とも縁がない）。

そもそもアメリカの民放テレビ局はドラマやバラエティなどの制作については、歴史的にハリウッドの映画スタジオへアウトソース（業務委託）している。そのため、テレビ局の社員には「報道機関に勤めている」という意識が強い。報道部門のジャーナリストがエンターテインメント部門へ異動することもない。

日本の民放テレビ局は随分違う。フジテレビの募集要項を見てみると、総合職の仕事内容は報道のほかドラマやバラエティ、スポーツなど多岐にわたる。アナウンサーは同時並行で報道番組もバラエティ番組も担当する。「報道もエンターテインメントも同じ番組制作」という発想なのだろう。

言い換えれば、報道部門の独立性を担保するファイアウォールがきちんと築かれていないということだ。

民放テレビ局報道局で新人教育を担当するベテラン記者は「エンターテインメント希望なのに報道局に配属される新入社員もいる」と打ち明ける。自分の希望に反して報道からバラエティ部門へ異動させられ、退社する若手社員もいる。言うまでもないが、報道とエンターテインメントとでは求められるスキルがまったく異なる。

内部告発者に実名告発を促すマスコミ

枕営業告発は内部告発者（マリエ）に冷たく、権力（芸能界・テレビ界）に甘いマスコミの現状を示したといえる。

歴史をひもといてみると、日本では長らく「内部告発冬の時代」が続いているということが分かる。マスコミが権力側と二人三脚になって内部告発者をたたくなど、駆け込み寺として機能していないのだ。

代表例は、2002年に表面化した「検察裏金疑惑」だろう。同疑惑は検察庁の現職幹部による内部告発が発端になっている。

内部告発者は大阪高検の公安部長だった三井環（みついたまき）。水面下でマスコミに接触し、「調査活動費が裏金として職員の私的な飲食代やゴルフ代に消えている」と訴えていた。ディープスロートとしてマスコミに協力しようとしたわけだ。

しかし、マスコミは取材源秘匿の原則を適用して三井を守ろうとしなかった。それどころか、彼に対して証拠集めを求めると同時に実名告発を促していた。

２０００年９月のことだ。三井は朝日新聞を訪ね、特ダネ記者として鳴らしていた村山治に会っている。村山自身が２００８年３月20日付の朝刊で当時を振り返っているのだ。

〈情報提供者への謝礼などに本来は使うべき調査活動費（調活費）の裏金流用を実名で告発するかどうか……。

元部長は、高知地検次席検事時代の部下の事務官らから聞いた話をもとに、偽造領収書と虚偽の伝票で調活費が裏金にされ幹部の飲食に流用された、と語った。ただし、調活費の流用を裏付ける帳簿のコピーなどはなかった。不正の日付など具体的事実も知らなかった。

取材や報道にあたって検察内部に情報源がいると明らかにすることに難色を示し、取材開始から記事化までの期間についても「１週間くらいあくとこちらがやられる」と条件をつけた〉

続いて三井との会話を再現している。

〈記者「三井さんの名前を出せない、となると、三井さんに語った人に聞かざるを得ない。具体的な資料がないと、詰めても、逃げられる。検事が被疑者を調べるのと同じですよ」

元部長「私がしゃべれば記事になると思ったんだが」

記者「三井さんが捜査権力として、こういう事実を認知した、と言えば、書けますよ。公安部長ですから」
元部長「私が出れば」
記者「出れば、簡単なことですよ。今から原稿を送っても（記事になる）」
元部長「私が表に立つか」〉

検察からの報復を恐れたのか、三井は匿名の内部告発にこだわったようだ。しかし、結局のところ実名で告発せざるを得なくなった。村山と面談してから1年7カ月後の2002年4月22日、テレビ朝日の報道番組「ザ・スクープ」で単独インタビューを受けることになった。ちなみに「ザ・スクープ」は、TBSの「報道特集」と共に民放テレビ局が手掛ける数少ない調査報道番組だった。

ところがインタビューは実現しなかった。インタビュー当日になり、詐欺と職権乱用の容疑で三井は逮捕されたのだ。実名告発の矢先に逮捕というタイミングから、「検察は口封じのために事件をでっち上げ、内部告発者の逮捕に踏み切ったのか」といった見方も出た（「ザ・スクープ」はその後、検察の裏金疑惑に焦点を合わせたキャンペーンを展開した）。

逮捕でかき消された検察裏金問題

テレビ朝日を除く大手メディアは違った。申し合わせたように「悪徳検事・三井」を前面に押出し、検察の裏金疑惑を脇へ追いやった。検察権力とタッグを組んで内部告発者を糾弾したのである。検察が調査活動費を流用していたとすれば司法当局による組織的な横領であり、歴史的なスキャンダルとなるというのに、である。

主要紙の紙面を振り返ってみよう。毎日新聞は逮捕当日の夕刊で、関連記事の見出しに「明治以来の不祥事」という表現を使った。「明治以来の不祥事」とは、ピーク時に年間5億円以上に上っていた調査活動費が裏金に流用されているという疑惑のことではない。暴力団関係者との不動産取引に絡んで47万円の利益を得たなどと疑われた三井の逮捕容疑のことだ。

検察の裏金疑惑よりも三井の詐欺・職権乱用が歴史的なスキャンダルなのか。たったの47万円で「明治以来の不祥事」とは大げさではないか。

毎日は権力側のシナリオに乗っかっていたのかもしれない。三井の詐欺・職権乱用について法務大臣の森山眞弓は「前代未聞の犯罪」、検事総長の原田明夫は「想像を絶する悪事」と切り捨てていたからだ。

社説を見ても似たり寄ったりだった。朝日は「日本の検察官の信頼を著しく失墜させる事件」、読売は「今回の事件ほど国民の検察に対する信頼を損なったものはない」、日経は「歴代の検察首脳の責任は極めて重い」と断じた。いずれも裏金疑惑ではなく、「悪徳検事・三井」への言及だ。

検察のリークに踊らされたのか、新聞紙面上では三井に対する人格攻撃も激しくなっていた。実際、紙面上では「特定幹部への私怨」「人事の昇進ラインから外れた不満」「組織への反抗心」「協調性の欠如」といった表現が躍っていた。これを読んだ読者は「内部告発の動機は私怨であって正義感ではない」と思ったことだろう。

権力側が内部告発者を悪人に仕立て上げようとするのは常套（じょうとう）手段であり、古今東西変わらない。権力側は「組織を逆恨みしている」「精神的に病んでいる」などとリークして、マスコミを誘導しようとする。場合によっては犯罪者扱いもする。検察裏金疑惑のケースでは、マスコミは完全に検察の味方になっていたといえよう。

三井自身は拘置所内で逮捕時の報道を初めて読んで啞然（あぜん）としている。ホームページ上で「逮捕されたときに、いかにひどく報道されていたかを知って驚愕（きょうがく）。マスコミにも怒りがわいてきた」と書いている。

三井は詐欺・職権乱用に加えて収賄罪でも起訴され、6年後の2008年、最高裁で実刑を言い渡されている。懲役1年8カ月、罰金22万円。一方、検察当局は調査活動費の流用を否定し続け、いまだに裏金疑惑は解明されていない。

検察当局が裏金疑惑解明に自ら動かないとすれば、頼りになるのはマスコミだ。しかし裏金疑惑への関心を失ってしまったようだ。

日米間の密約が男女のスキャンダルへ様変わり

内部告発者が逮捕されたり、クビにされたりするケースは珍しくない。マスコミは内部告発者を守れないのか。権力の防波堤になるどころか、権力と一体化しているとしたら、権力のチェック役として失格ではないのか。二つの事件を振り返ると、検察裏金疑惑との共通項が浮かび上がる。

一つは1972年の「沖縄密約事件」。焦点になっていたのは、日米間の沖縄返還協定をめぐる密約の存在だ。沖縄返還までにアメリカ側が土地の原状回復をすることで合意していたにもかかわらず、実際には密約を結んで日本側に原状回復費400万ドルを肩代わりさせていたというのだ。

密約の存在を示す秘密電信文を持ち出し、マスコミに手渡した内部告発者は外務省の女性事務官だ。もっとも、彼女は「国民をだまして密約を結んだ国は許せない」などと正義感に燃えて内部告発したわけではない。毎日記者の西山太吉（にしやまたきち）に促されて結果的に内部告発した格好になっている。

女性事務官経由で決定的証拠を手に入れた西山。しかし、彼の「大スクープ」は1面ではなく3面（3ページ目）に掲載された。しかも、密約があったという事実を報じているのではなく、疑惑をにおわせるだけのコラムになっていた。そのため読者は疑惑の重大さに気付かず、世論は盛り上がらなかった。

業を煮やした西山は紙面上で報じるのではなく、国会で話題にしようと考えた。秘密電信文をコピーして社会党議員に手渡したのである。これが原因で情報源が突き止められ、女性事務官と共に西山も逮捕・起訴されてしまった。

逮捕直後、マスコミは取材活動の正当性を主張し、国民の知る権利がないがしろにされているとして西山を援護した。しかし、検察当局のリークによって彼と女性事務官の不倫関係が暴露されると、報道姿勢を一変させた。報道の力点は日米間の密約の存在から離れ、男女のスキャンダルへ移っていったのである。

結局、西山と女性事務官は秘密を漏洩したとして有罪を言い渡される一方で、密約の存在はうやむやにされた。

マスコミではなくユーチューブを選ぶ

もう一つは2010年の「尖閣ビデオ流出事件」。沖縄・尖閣諸島沖の中国漁船衝突事件をめぐるビデオ（動画）が流出し、大騒ぎになった。内部告発者は神戸海上保安部の海上保安官、一色正春だ。

日本が実効支配する尖閣諸島をめぐっては、中国がかねて領有権を主張している。そんな状況下で中国漁船が尖閣諸島に近づき、警告を無視して海上保安庁の巡視船と衝突。漁船の船長が公務執行妨害容疑で逮捕され、中国政府が強硬に抗議するなど、日中間で緊張がにわかに高まった。

本当に何が起きたのか知るためには、衝突の現場を捉えたビデオで確認するしかなかった。中国側が「海上保安庁の巡視船が中国の漁船に衝突した」と報じていただけに、国民の間でも関心が高かった。

ところが、ビデオは国会内で限定的に公開されただけだった。すると、マスコミは政府批判を強めた。読売は社説で「もっと早く公開すべきだった」として、次のように書いている。

〈これが衝突事件直後に一般に公開されていれば、中国メディアが「海保の巡視船が漁船に衝突した」などと事実を曲げて報道することはできなかったのではないか。これほど「反日」世論が高まることもなかったろう〉

自分のことを棚に上げて政府批判をしていたのではないか。というのも、海上保安庁内では多くの職員がビデオを見られる状況にあったからだ。その気さえあればマスコミが海上保安庁内に網を張り、ビデオを入手できたはずなのだ。

政府もマスコミも動かないなか、一色が行動に出た。匿名でユーチューブへビデオをアップロードし、内部告発に踏み切ったのである。マスコミに頼らずにインスタグラムで生配信したマリエと同じ構図がここにある。

ところが、流出元は間もなくして特定された。ユーチューブの親会社グーグルは報道機関ではない。そのため、検察から差し押さえ令状を見せられると、ＩＰアドレスなどの情報をあっさりと開示してしまったのだ。一色は守秘義務違反で書類送検され、辞職を強いられた。

流出直後、一部の大手メディアは政府の管理体制の甘さを非難した。社説で朝日は「政府の情報管理はたがはずれている」、毎日は「政府の危機管理のずさんさと情報管理能力の欠如を露呈」と書いた。ビデオの中身よりも「国家機密の流出」に大きな問題を見いだした格好だ。

あまりにも身勝手ではないか。マスコミは自らビデオを入手する努力をせずに、政府に対してビデオ公開の必要性を唱えていた。それなのに、マスコミに代わってビデオを公開する内部告発者が現れた途端に「国家機密の流出」と大騒ぎしたのだから。

お手本を示した北海道新聞

沖縄密約事件と尖閣ビデオ流出事件は三つの点で検察裏金疑惑と共通する。

第一に、マスコミが内部告発者を受け入れる場になっていない。マスコミが内部告発者に冷たいのか。それとも内部告発者がマスコミを相手にしないのか。いずれにせよ、マスコミと内部告発者の連係プレーは実現しにくいということだ。

第二に、マスコミ報道が内部告発者側ではなく権力側の視点になりがちだ。検察裏金疑惑でマスコミが肝心の裏金疑惑よりも「悪徳検事」の犯罪に注目したように、沖縄密約事件では密約の存在から男女のスキャンダルへ、尖閣ビデオ流出事件ではビデオの中身から「国家機密の流出」へ報道の焦点が移った。

第三に、内部告発者が匿名性を失い、特定されている。権力側の悪事を暴くことが内部告発の目的であり、実名告発になれば権力側に報復されるのは目に見えているにもかかわらず、である。

マスコミが内部告発者に全面協力していたら、どうなっていただろうか。

検察裏金疑惑では、マスコミが自ら調査報道班を立ち上げ、疑惑解明に取り組んでいたら、おそらく三井は実名告発しなかっただろう。匿名のディープスロートとして検察内にとどまり、水面下でマスコミに協力すればいいのだから。

三井逮捕の翌年、北海道新聞がお手本を示している。北海道警察内部に独自にパイプを築き、組織ぐるみの裏金作りを暴いたのである。デスクの高田昌幸を中心にした取材班が1年半に及ぶキャンペーンを続け、裏帳簿などの証拠を丹念に集めた結果である。

沖縄密約事件では、毎日が密約の存在を一大スクープとして報じていたら、西山が電信文コピーを社会党議員に手渡し、国会で追及してもらう必要はなかっただろう。結果として、女性事務官の匿名性も守られただろう。

尖閣ビデオ流出事件では、漁船衝突のビデオがユーチューブへ流されるのではなく、マスコミに持ち込まれて報道されていたら、内部告発者は特定されなかっただろう。マスコミは取材源秘匿の原則を盾にして、権力側の圧力をはねつけることもできるからだ。

言い換えれば、3事件でマスコミは内部告発者に全面協力しなかったため、大スクープを逃したかもしれないということだ。

ここでマリエの枕営業告発を思い出してほしい。芸能界・テレビ界という巨大権力に怯（おび）えて泣き寝入りしている性的被害者が無数存在するかもしれない――つまり大スクープが存在するかもしれない――というのに、大手メディアは静観したままだ。

大手メディアから完全にスルーされているという点では、検察裏金疑惑は枕営業告発と瓜（うり）

二つである。三井はマスコミの協力を得て検察の裏金疑惑を水面下で告発しようとしながら、1年7カ月にわたって空回りし続けたのである。「ザ・スクープ」へ出演して実名告発する決意を固めるまで。

第6章　番犬ジャーナリズムの重要性

『ペンタゴン・ペーパーズ』が描いた内部告発者とは

ピュリツァー賞を受賞した「#MeToo」報道が象徴するように、アメリカでは歴史的な大スクープ——例外なく調査報道——の多くは内部告発者を起点にしている。必然的に権力にとって不都合な真実を明らかにする番犬ジャーナリズム全開になる。

最も有名なのは1971年の「ペンタゴン・ペーパーズ（ベトナム戦争に関する国防総省機密文書）」暴露だろう。これによって、アメリカの歴代政権が泥沼化するベトナム戦争の実態を隠し、国民を欺き続けてきたという衝撃の事実が明らかになったのである。

ペンタゴン・ペーパーズを振り返るうえで最も手っ取り早いのは、2017年公開のハリウッド映画『ペンタゴン・ペーパーズ／最高機密文書』だ。巨匠スティーブン・スピルバーグが監督を務め、アカデミー主演賞受賞のメリル・ストリープとトム・ハンクスが出演しているだけに、見応えがある。

ジャーナリズムの観点から興味深いのは、内部告発者の描かれ方だ。内部告発者はペンタゴン・ペーパーズの執筆に加わったランド研究所の研究員、ダニエル・エルスバーグだ。

ここでは具体的なシーンを二つ挙げてみたい。

一つは、ワシントン・ポスト紙の記者がエルスバーグを見つけ出そうとして電話をかけているシーンだ。エルスバーグについて「道徳心と信念を持つ」と表現し、権力側が使う常套句「組織を逆恨みしている」「精神的に病んでいる」と正反対の立場を明確にしている。最終的にエルスバーグから信頼を勝ち取り、機密文書の入手に成功している。

もう一つは、ハンクスが演じるワシントン・ポスト紙編集主幹ベン・ブラッドリーが機密文書の出所を聞かれたシーンだ。当然のように取材源秘匿の原則を内部告発者に適用して、「私は記者に取材源など聞かない」と突っぱねている。ニクソン政権の圧力に屈せず、内部告発者を徹底的に守るという意思表示だ。

大手メディアから全面的な支援を得られない限り、エルスバーグは決して内部告発に踏み切らなかっただろう。無理もない。秘密防止法（スパイ防止法）違反で起訴され、終身刑に処せられかねない状況に置かれていたのだから。

ランド研究所の歴史を記したアレックス・アベラ著『ランド 世界を支配した研究所』（文春文庫）をひもとくと、エルスバーグが自分の人生を懸けて内部告発に踏み切る様子が生々しく伝わってくる。次は、彼が知人の事務所の中でゼロックス製コピー機を使い、機密文書をコピーしているときのシーンだ。

〈ドアを鋭くノックする音で作業が中断した。制服を着た警官2人が外の階段の上まで来ていた。そのうちの一人がガラス越しにエルスバーグに向かい、ドアを開けるように身ぶりしている。（中略）

エルスバーグはとっさにコピー機のふたを閉め、それまでコピーしていた書類を隠した。自分の子どもたちはこれからどうなるだろうと不安にかられながら、ドアへ向かった。途中、

「トップシークレット〈国家最高機密〉」と押印された書類の束を紙切れで覆った。
「何か問題でも?」とエルスバーグは聞いた。
「事務所の警報装置が切れているよ」と警官の一人が答えた〉
ペンタゴン・ペーパーズを公開しないままで逮捕されたら、すべてが水泡に帰すところだった。売国奴として終身刑に処せられても、ベトナム戦争の悲惨な物語の全貌を世の中に向かって公開できればいい——エルスバーグはこんな決意だったのだ。

マスコミに与えられた特権

エルスバーグにとって頼みの綱が「アメリカ合衆国憲法修正第1条（ファースト・アメンドメント）」だった。言論の自由を明確に保障した憲法修正第1条こそ報道機関に与えられた特権であり、内部告発者にとって最大のよりどころになるのだ。

ここでワシントン・ポストのスター記者デイナ・プリーストの言葉を紹介しておこう。

〈国家機密を漏らせば、通常は刑務所行きになる。でも、合法的に国家機密を入手し、世間に公開できる業界が一つだけある。マスコミだ。この構図こそ最重要であり、業界全体のリストラとは関係なく今後も不変だ〉

ファースト・アメンドメントの存在がジャーナリストという職業を特別にしている――彼女はこう言っているのだ。

権力の圧力に屈せずに機密文書を公開してくれる報道機関はどこか。エルスバーグが選んだのはニューヨーク・タイムズだった。同紙は期待に応え、機密文書の漏洩という「内部告発者の犯罪」を実質的に無視した。逆に「政府の犯罪」を前面に出し、大々的なキャンペーンを開始した。

当時の同紙ワシントン支局でニュースエディター（編集部長）を務めていたのがロバート・フェルプスだ。彼が書いた2009年出版の回顧録『神と編集者（ゴッド・アンド・ジ・エディター）※邦題は筆者訳』（Syracause University Press）によると、同紙はニューヨーク市内のホテルの一室を貸し切りにして、ペンタゴン・ペーパーズ取材班を数カ月にわたって缶詰め状態にした。

ペンタゴン・ペーパーズがとんでもなく膨大な文書だったからだ。何しろ、ベトナム戦争に関する3000ページの歴史的記録と4000ページの補足書類で文書は構成されていたのだ。しかも、取材班は内容を徹底的に分析・検証しつつ、情報が外部に漏れないように気を付けなければならなかった。こうなるとホテルにこもるしかなかった。

同紙はこれだけの人的資源を惜しみなく投じることで、権力から攻撃され、弱い立場に置かれているエルスバーグを支援したのである。「要点をまとめてくれなければ記事にはできない」などと告発者を突き放すことはない。情報を整理したり証拠を集めたりする作業は本来、告発者ではなく報道機関の仕事だ。

1971年6月、同紙は1面トップ記事でペンタゴン・ペーパーズを特報した。見出しは「ベトナム戦争機密文書、30年に及ぶアメリカの関与をペンタゴンが分析」。ところがこの段階では大した騒ぎにはならなかった。機密文書の暴露が歴史に残る内部告発へ格上げされたのは、同紙が第三弾の記事を掲載した2日後だった。

きっかけは権力側の反撃だった。ニクソン政権は国家安全保障を根拠に連邦裁判所に提訴し、記事差し止め命令を勝ち取ったのだ。そのため、同紙は続報を掲載できなくなった。

ここで出番となったのがライバル紙のワシントン・ポストであり、映画『ペンタゴン・ペーパーズ』の主舞台でもある。同紙記者はエルスバーグに接触して独自にペンタゴン・ペーパーズを入手。ストリープが演じる同紙社主キャサリン・グラハムは「記事差し止め命令を無視すれば刑務所行きになる」と警告されながらも、最後には掲載にゴーサインを出した。

大手メディアがタッグを組んで内部告発者エルスバーグを支援したわけだ。最後に法廷の場でもメディア側が勝利し、「言論の自由の勝利」とも言われた。その後、エルスバーグに対する起訴も取り下げられた。

翌年の1972年、ニューヨーク・タイムズはペンタゴン・ペーパーズ報道を評価されてピュリツァー賞（公益報道部門の金賞）を受賞している。

「政府を信用するな」という教訓

『神と編集者』によると、第一報の編集作業が終わった日の夜、ペンタゴン・ペーパーズ取材班はニューヨークのイタリア料理店でワイングラスを傾けながら祝杯を挙げた。その席で、フェルプスはみんなに聞いた。

「過去数カ月、われわれはペンタゴン・ペーパーズの分析に没頭してきた。ここから何を学べただろうか？」

誰かが「政府を信用するなということ」と言うと、全員が同意した。フェルプスの言葉を借りれば、「十分にウラを取らない限り、政府筋から聞いた話は決してそのまま信じてはいけない」で一致したのである。「法を無視する内部告発者は信頼できない」といった声は出なかった。

数十年後の2010年、90歳を超えていたフェルプスは公の場に姿を現した。コロンビアJスクールの同窓会に顔を出し、『神と編集者』のサイン会を開いたのだ。耳は遠くなっていたものの、血色の良いフェルプス。私の姿を目にすると、すぐに口を開いた。

「日本から来たの？　ずっと気になっていたんだけれども、『もしもし』とはどういう意味なのですか？」

驚いたことにフェルプスは日本に詳しかった。アメリカ海軍記者として太平洋戦争の沖縄戦に加わり、終戦直後に横須賀を拠点にしてキリスト教社会運動家の賀川豊彦（かがわとよひこ）にインタビューしたこともあったからだ。

Jスクールを1950年に卒業したフェルプスは、同窓会の出席者の中では断トツの最高齢者だった。だが頭脳はなお明晰（めいせき）だった。89歳にして本を書くのだから当然だろう。

私は『神と編集者』を1部購入し、サインしてもらったうえで、15分ほどいろいろ質問する機会を得た。もちろん調査報道の未来についても聞いた。「印刷メディアがインターネットに押され、経営的に大変な状況に置かれています。ペンタゴン・ペーパーズ暴露のような調査報道は今後、難しくなるでしょうか？」

フェルプスは自信たっぷりに「心配していません」と答えた。「印刷メディアとかネットメディアとか議論しても無意味です。メディアの形態は重要ではありません。メディア間で競争さえあれば、質の高い調査報道は今後も生まれます。調査報道は公益にかなう活動であり、社会にとって必要不可欠。これは未来永劫（えいごう）変わりません」

ニューヨーク・タイムズ在籍中、フェルプスはペンタゴン・ペーパーズに続いてウォーターゲート事件も指揮している。ワシントン・ポストと競り合いながら大スクープを放ってきたからこそ「メディア間の競争」に注目するのだろう。

内部告発者との一体化で生まれた「スノーデン事件」

近年にも衝撃的な内部告発を起点にした大スクープがある。2013年に起きた「スノーデン事件」だ。

同事件の中心人物は元中央情報局（CIA）職員のエドワード・スノーデン。米国家安全保障局（NSA）から大量の機密文書を盗み出し、アメリカ政府がテロ対策として大量の個人情報を収集している実態を暴いたのである。

アクセスジャーナリズムが「権力との一体化」で成り立つとしたら、本格的な調査報道は「内部告発者との一体化」で生まれる。「内部告発者との一体化」をテコにした大スクープの決定版がスノーデン事件だ。

ペンタゴン・ペーパーズ暴露と同様にスノーデン事件も映画化され、大きな話題を集めた。事件の全貌を詳細に記録したドキュメンタリー映画『シチズンフォー　スノーデンの暴露』はジャーナリストにとって必見だ。2015年に長編ドキュメンタリー部門でアカデミー賞を受賞している。

2016年になって日本でも『シチズンフォー』が公開されると、私はすぐに新宿ピカデリーに行って観賞した。すでにスノーデン事件関連の記事や書籍を読み、事件の概要についてはよく知っていたにもかかわらず、衝撃を受けた。

というのも、当事者が過去を振り返るのではなく、実際の事件が現在進行形で目の前ではじけていく映画だからだ。まさに迫真のドキュメンタリーだ。

なぜこんなことが可能なのか。監督のローラ・ポイトラスが内部告発者のスノーデンからの協力要請を受け入れ、ビデオカメラを片手に事件の一部始終をリアルタイムで記録していたためだ。『シチズンフォー』を見れば、ジャーナリストがどのように内部告発者を守りつつ、権力の暗部を暴くのかが手に取るように分かる。

撮影の主舞台は、アメリカ政府に捕まれば終身刑必至のスノーデンが身を隠していた香港のホテル。2013年6月、ポイトラスはジャーナリストのグレン・グリーンウォルドと共にホテルへ行き、「シチズンフォー」というコードネームを使って交信していたスノーデンの正体を初めて知った。以後、8日間にわたって密着取材を続けた。

監視カメラを警戒して赤いカバーで上半身を覆いながらパソコンを立ち上げる、ホテルのアラームに驚いてみんなと一緒に体をこわばらせる、事件を最初にスクープしたグリーンウォルドが出演するテレビ番組を生で見る、脱出前に鏡の前でひげを剃って変装する——。そんなスノーデンの姿を捉える『シチズンフォー』はスパイ映画であると同時にリアリティ番組のようだ。

刑務所送りのリスクがあってもスノーデンに協力した理由

映画を見て「ポイトラスとグリーンウォルドの2人はスノーデンのPRを手伝っただけなのか」と思ったら現実を見誤っている。2人にとってスノーデンに協力するのは非常に危険な行為だったのだ。

スノーデンに加担していると見なされれば、国家最高機密の漏洩の罪に問われて刑務所送りになる可能性もあった。憲法によって言論の自由を保障されたジャーナリストであっても、である。ペンタゴン・ペーパーズ暴露では言論の自由が勝利したからといって、毎回勝利するとも限らないのだ。

事実、調査報道で定評のあるワシントン・ポストはリスクの大きさにおびえ、担当記者バートン・ゲルマンの香港行きを認めなかった。リスク回避を最優先する法律顧問の意見に従ったようだ。スノーデン事件についてグリーンウォルドが記した『暴露 スノーデンが私に託したファイル』（新潮社）によれば、スノーデン自身は次のように嘆いている（原書から引用。筆者訳）。

〈私はとんでもなく大きなリスクを背負って内部告発を決心した。どこかの組織に守ってもらえるわけでもなく、たったの一人で。なのに、法的な面も含めてあらゆるサポートを受けられる組織ジャーナリズムがリスクを気にして、記者を一人も香港へ派遣できないなんて〉

一方、ポイトラスとグリーンウォルドの2人は組織ジャーナリズムに所属せず、フリーランスとして行動していた。2人が大きなリスクを取れた理由は二つある。

一つは、逆説的だが、フリーランスだからである。組織ジャーナリズムに属していると、リスクばかり気にする法律顧問の意見を無視できなくなる。もう一つは、権力監視型の番犬ジャーナリズムの旗手だからだ。政府の悪事を暴いて民主主義を守ることに人生を捧（ささ）げているのだ。

ポイトラスのアカデミー賞受賞スピーチがすべてを物語っている。

〈エドワード・スノーデンが人生を懸けて内部告発に踏み切ったことで、私たちのプライバシーばかりか民主主義そのものが危険にさらされていることが明らかになった。秘密裏に重要な決定が下されると、私たちは権力を監視できなくなる。多くの内部告発者が勇気を出して行動してくれて本当に感謝している〉

大スクープに欠かせない独立性と専門性

ジャーナリズムの観点から『シチズンフォー』を見て個人的に最も印象に残ったのは、身元を明かす前のスノーデンが暗号化された電子メールを使ってポイトラスとやり取りするシーンだ。彼は「なぜ私があなたを選んだかと聞きましたね。私はあなたを選んでいません。あなたが自分を選んだのです」と書いたのである。

つまり、権力の脅しに屈せずにＮＳＡの悪事を世の中に公開してくれる相手は、グリーンウォルド以外ではポイトラスしか思い浮かばなかった、ということだ。スノーデンにとって選択肢は限られていたから、「あなたが自分を選んだ」という表現になったのだ。

ここでのポイントは大きく二つある。独立性と専門性だ。

独立性においてポイトラスは完璧だ。どこの組織にも所属しないでフリーランスとして活動していたからだ。持ち前の反骨精神を発揮して政府に批判的なドキュメンタリーを制作してきたことで、常に当局の監視下に置かれていた。

実際、海外取材旅行へ出かけるたびに空港で尋問され、手帳やパソコン、カメラなど取材道具を押収されていた。それでも屈することはなかった。これでは情報源を守れないと判断し、後にドイツ・ベルリンへ移住したほどである。

専門性についても折り紙付きだ。スノーデン事件が起きる前年には、まさにNSAによるスパイ活動の違法性を問う短編ドキュメンタリー映画『ザ・プログラム』を発表している。そこではNSAの暗号解読部門責任者から内部告発者に転じたウィリアム・ビニーを取り上げている。

グリーンウォルドも独立性と専門性の面では申し分ない。英ガーディアン紙のコラムニストを務めていたとはいえ、内容については一切編集させないなど完全な独立性を維持する形で契約していた。振り出しは憲法や人権を専門にする弁護士であり、ジャーナリストに転じてからはNSAの無令状盗聴活動などを厳しく批判していた。

「サラリーマン記者」にはない反骨精神

実は、スノーデンはポイトラスよりも先にグリーンウォルドに接触していた（正体を明かさなかったために当初グリーンウォルドに相手にされなかった）。『暴露』によると、グリーンウォルドを選んだ理由について次のように語っている（原書から引用。筆者訳）。

〈あなたは国家の広範な監視と極端な秘密主義の危険性について理解しています。さらには

政府や御用メディアからの圧力にも決して屈しない。そのように信じているからこそあなたを選んだのです〉

グリーンウォルドは期待に応え、香港からスノーデン事件の第一報を放っている。これによって翌年の2014年、ピュリツァー賞を受賞。「#MeToo」やペンタゴン・ペーパーズの特報と同様に公益報道部門の金賞を獲得している。この意味ではスノーデンは「犯罪者」ではなく「英雄」である。

『シチズンフォー』を見て改めて感じるのは、記者がスノーデン事件級の大スクープをモノにしようにも、内部告発者からの信頼を獲得しなければ何も始まらないということだ。少しでも権力寄りと見られたら、大スクープの入り口にも立てない。繰り返しになるが、信頼獲得のカギを握るのはジャーナリストとしての独立性と専門性である。

いや、もう一つ加える必要があるかもしれない。何事にも屈しない反骨精神である。これこそ番犬ジャーナリズムの土台になる要素だろう。ポイトラスも『シチズンフォー』のエンドロールを使い、民主主義を守るためにリスクを取って立ち上がる人たちのためにドキュメンタリーを制作したと明言している。

映画の最後で、ロシアに亡命中のスノーデンが自宅で夕食を作っている様子が映し出される。そこには、彼を追って米国からロシアへ移り住んだガールフレンドのリンゼイ・ミルズの姿もある。リスクを取って権力と対立しても悪い結末になるとは限らない――そんなメッセージが込められていると思えた。

日本の大手メディアで働く「サラリーマン記者」は、独立性と専門性の両方で心もとない。ジャーナリストとしてよりもサラリーマンとしての意識が強く、何よりも会社の利益を優先しがちだ。日々のニュースを追い掛けるだけで精一杯なうえに、数年ごとの担当替えで専門性もなかなか身に付けにくい。『シチズンフォー』を見て一念発起し、独立してみるのはどうだろうか。

第7章　蔓延する推定有罪報道

二度までも「推定有罪」に苦しんだ村上世彰

何か事件が起きると、日本のマスコミ報道は「推定無罪」ならぬ「推定有罪」一色になる。「疑わしきは罰せず」という大原則があるというのに、いったん逮捕されたり家宅捜索を受けたりすれば、どんな人でも犯罪人扱いされてしまう。

何かおかしくないか。マスコミは国民ではなく捜査当局の味方なのか。

一度ならず二度までも推定有罪報道に苦しめられた著名経済人が一人いる。元通産官僚で投資家の村上世彰(むらかみよしあき)だ。

1999年に投資ファンド「村上ファンド」を立ち上げ、「物言う株主」として一世を風靡(ふうび)した村上。2006年にインサイダー取引の疑いで検察当局に逮捕・起訴され、奈落の底に落とされた。それから9年後の2015年には再び辛酸を舐(な)めさせられた。相場操縦の疑いで証券取引等監視委員会(監視委)の強制調査を受けたのだ。

2015年当時の村上は極限状態にまで追い込まれていた。仕事仲間や家族、弁護士に囲まれ、励まされながらも、動揺を隠せなかった。私と電話でつながると「こんなことがあり得るのか……」と絶句していた。

無理もない。再び逮捕・起訴となれば、今度こそ再起不能になりかねなかったのだ。例によって推定有罪報道がまかり通り、監視委による刑事告発が必至であるかのような雰囲気になっていた。

ＮＨＫが大げさに報道していたから、世間は「村上は金もうけに目がくらんで再び違法行為に走ったのか」と思ってもおかしくなかった。監視委の係官が村上の事務所など関係先の強制調査に踏み切り、大量の段ボールを運び出す劇的シーンをカメラに収めたのはＮＨＫだった。

強制調査の現場にマスコミが居合わせるためには、当局からのリークが不可欠だ。週刊新潮の記事「東京地検がフタ！『企画調査課長とＮＨＫ記者の不倫』」によれば、強制調査をスクープしたのはＮＨＫの女性記者であり、「不適切な関係」を利用して当局に食い込んでいたという。

逮捕の憶測を流すマスコミ、ストレスで娘が死産

それ以上に村上にとってつらかったのは、長女が強制調査の対象になり、心労から死産してしまったことだ。その意味では２００６年の逮捕・起訴時よりも精神的な打撃は大きかった。

自著『生涯投資家』（文春文庫）の中で村上は次のように書いている。

〈私の長女は妊娠七カ月に入り、胎児が待望の女の子であることもわかり、家族みんなで誕生を心待ちにしているところだった。そんな中、調査は前触れもなく始まると長女までも巻き込んでしまった。彼女は、調査の対象となった時期である二〇一四年夏頃、株のトレーデ

ィングそのものや売買判断に全く関与していなかったことに加え、第一子出産にあたり産休中であったことから仕事全般から離れていた。それにもかかわらず、調査の対象となったばかりか、逮捕されるのではという憶測まで流れることになった。妊娠中で体調が不安定な中、度重なる調査のストレスで彼女は一気に体調を崩し、とうとう死産をしてしまった〉

言うまでもなく、逮捕されるのではないかという憶測を流したのはマスコミであり、マスコミにリークしたのは当局である。

それから1年以上経過した2017年6月、村上は文藝春秋本社に現れ、インタビューに応じた。文藝春秋社で『生涯投資家』を出版したのに合わせてマスコミへの露出を増やそうと考えたのだ。

私は早速聞いてみた。「これまで自ら発信することはあまりなかったですよね。今回、どうして本を書く気になったのですか?」

「結局悪者扱いされるかもしれないけれども、何も発信しないよりはマシではないか、という思いが家族にあった。そこで、父親の責任として、自分のやってきたことをきちんと書こう、と思い至りました」

「娘さんは強制調査のストレスで死産してしまった。これもきっかけになったのでは?」

「それが一番大きなきっかけです。世の中にはやってはいけないことがある。法解釈だけの問題じゃない」

表面的には村上は意気軒昂に振る舞っていたものの、明らかに当局を刺激しないように言葉を選んでいた。その時点で強制調査は終了しておらず、監視委はいつでも検察に刑事告発できる状況にあったのだ。

言い換えれば、村上は強制調査時から1年以上にわたって「いつ逮捕されてもおかしくない」とおびえ続ける状況に置かれていたのである。相当のストレスだったのは想像に難くない。

NHKの援護も受けて監視委は大々的に強制調査に踏み切ったのに、結局のところ事件にできなかった。2018年に入って検察による起訴は無理と判断し、刑事告発を断念したのだ。村上は「いつ逮捕されてもおかしくない」という恐怖からやっと解放されたのである。

今も横行する「関係者によると」報道

強制調査当初の新聞報道を振り返ってみると、「村上＝悪人」が既定事実のように伝えられていたことが分かる。村上が不正取引に関与し、監視委が刑事告発するのも時間の問題というトーンになっていたのだ。2015年11月27日付の各紙朝刊から見出しをひろうと、次のようになる。

〈株価下げ、複数手口か　村上元代表、安値で大量売りなど〉（日経）
〈終了前に株売却、利益数千万円か　村上氏、相場操縦の疑い〉（朝日）

〈相場操縦　空売りでも利益か　数千万円　村上氏関係の投資会社〉（読売）

なぜこうなるのか。マスコミがもっぱら監視委のリークに頼って報道していたからだ。少し考えれば分かることだが、監視委がマスコミに対して「村上＝無実」をにおわすわけがない。強制調査直後であればなおさらだ。

もちろん、「監視委側の情報に基づいて報道している」と明示していれば、マスコミは世間に向かって「報道内容が偏向しているかもしれない」と暗に伝えることができる。そうであれば、読者・視聴者は推定有罪的な報道を見ても「当局側の言い分だけ伝えているのならこんな内容になっても仕方がない」と判断するだろう。

マスコミが「関係者によると」と伝えるだけで、情報の出所をあいまいにしていたらどんなメッセージを発することになるだろうか。読者は「記者が監視委側と村上側の双方も含め多角的に取材した結果」と想像してしまうのではないか。

実際の紙面は「関係者によると」のオンパレードだった。強制調査直後の各紙夕刊（11月26日付）を見てみよう。毎日、日経、産経は「関係者によると」、朝日は「関係者への取材でわかった」、読売は「関係者の話でわかった」と書いていた。翌日以降も各紙とも同じように情報の出所をあいまいにしていた。

村上側へのマスコミ取材はなし

念のため、私は村上本人に確認してみた。すると、本人はもちろんのこと、彼の親族や仕事仲間も一切取材を受けていないということが判明した。つまり、「関係者＝監視委側」ということが確認できたのだ。

それを裏付けるかのように、翌12月になって村上は「相場操縦に関する報道の件について」と題したプレスリリースを発表し、「関係者によると」報道の推定有罪的な内容を全面的に否定した。マスコミが多角的な取材をしていたとすれば、報道内容が彼の主張とこれほど食い違うはずがない。

村上の基準に照らし合わせれば、強制調査に絡んだ報道は明らかに偏向報道だったわけだ。正面から偏向報道と批判されれば、マスコミは「確実な取材に基づいている」などと猛反発するだろう。しかし内心は後ろめたいのではないか。監視委側の話を聞くだけで、村上側の話を聞いていなかったのだから、「公正な報道を手掛けた」と胸を張れないはずなのだ。

公正な報道とは、利害が対立している場合であれば双方に取材するのはもちろん、一方にしか取材できないのであればその事実を紙面上で読者に明示することだ。報道現場のイロハである。AとBが対立している場合、Aの話にだけ依存した記事は偏向報道になるし、Bの話にだけ依存した記事もやはり偏向報道になる。

努力しても村上側に取材できなかったならば、どのように報道すればよかったのだろうか。

少なくとも「監視委関係者によると」と報じるべきだった。こうすることで、読者に対して記事は村上側の主張を盛り込んでおらず、監視委側に都合の良い情報で構成されているとはっきりと警告できる。

これでも理想からは程遠い。本来であれば、「村上側に取材を申し込んだが、断られた」と明記すると同時に、強制調査が無理筋であると考える識者のコメントも載せるべきだった。これでこそマスコミは「バランスの取れた客観報道」と自信をもって言える。

実際に事件にならなかったのであるから、推定有罪報道に傾斜したマスコミの責任はなおさら重い。

現場の記者は「強制調査の行き過ぎなど当局側の問題点を指摘するとリークしてもらえなくなる」と懸念していたのだろう。しかし、リークしてもらってエゴスクープを放ったところで、世の中に対して何のインパクトも与えていないということに気付くべきだ。

米メディアでは捜査当局を匿名にしない

個人的な体験を振り返ると、コロンビアJスクールに1980年代後半に留学中、指導教官から「反対の立場にある人にも必ず取材すること」と口酸っぱく言われた。「反対の立場にある人」とは、事件取材では容疑者・被告側のことだ。

Jスクールは実践的なジャーナリスト教育を売り物にしている。有力紙の現役編集者や記者を非常勤講師として大勢招いているほか、ジャーナリスト経験者で教授陣を固めている。

私の指導教官には、当時ニューヨーク・タイムズの全国ニュース編集者で、２００５年には同紙編集局ナンバー2の編集副主幹に任命されたジョナサン・ランドマンがいた。

私が留学していた１９８８年当時、アメリカでは国防総省（ペンタゴン）を舞台にした贈収賄事件が表面化していた。マスコミが捜査当局からのリークに頼り、実名で政治家や国防総省高官らの関与を報じ、大騒ぎになっていた。一方的な推定有罪報道が横行していたわけだ。

それを受けて同年6月16日、ニューヨーク・タイムズは当時の編集主幹名で次のような記者倫理ガイドラインを作成し、社内で配布している。

〈匿名の捜査関係者を情報源として使うのはできるだけ避けなければならない。特に、その捜査関係者が第三者を実名で攻撃する場合だ。

われわれが捜査関係者から第三者の不正に絡んだ話を聞いたとしよう。その情報を裏付ける証拠は何もない。にもかかわらず、捜査関係者を匿名にしたままで、実名で第三者の不正を報じたら、捜査当局にうまく利用されたことになる〉

アメリカでは数十年も前に「捜査関係者によると」という表現でも不十分と見なされていたわけだ。

事件報道で推定有罪の視点を強く出し、結果的に間違ったらどうなるだろうか。読者の信頼を失うばかりか、訴訟リスクも負いかねない。そんなこともあり、アメリカの有力メディアが「捜査関係者によると」とも書かずに捜査当局のシナリオを事実であるかのように垂れ流すことはまずない。

ここで相場操縦疑惑をめぐる推定有罪報道を思い出してほしい。大手メディアは「村上＝悪人」のように報じ、監視委による刑事告発が時間の問題であるというトーンを色濃く出していたのに、事実上の誤報に終わっている。

にもかかわらず、大手メディアは読者から批判されてもいないし、村上側から名誉棄損で訴えられてもいない。背景にはメディアリテラシーの問題もあれば、訴訟制度の問題もある。マスコミ業界がガラパゴス化し、メディア側がどんなに推定有罪報道に傾斜しても罰せられない仕組みが出来上がっているといえよう。

補足しておくと、大手メディアは「なぜ監視委は事件化に失敗したのか」「強制調査は行き過ぎだったのではないのか」といった視点で検証記事を載せていない。推定有罪報道の誤りを反省していないのは言うまでもない。

郵便不正事件で大恥をかくマスコミ

推定有罪的な報道に走ってマスコミが大恥をかくことも例外的にある。障害者団体向け郵便利用で不正があったとし、大阪地検特捜部が現職の厚労省幹部らを摘発した郵便不正事件が代表例だ。

2009年6月、朝日は社説「厚労省局長逮捕、『政治案件』とは何だった」の中で次のように書いている。

〈村木局長は容疑を否認しているという。だが、障害者を守るべき立場の厚労省幹部が違法な金もうけに加担した疑いを持たれてしまった事実は重い〉

局長とは、厚生労働省の雇用均等・児童家庭局長を務めていた村木(むらき)厚子(あつこ)のことだ。続いて同紙は「組織ぐるみの不正」をにおわせている。

〈キャリア官僚の逮捕にまで発展し、事件は組織ぐるみの様相を見せている。なぜ不正までして便宜を図ったのか。何より知りたいのはそのことだ〉

郵便不正事件の摘発に取り組んでいた大阪地検特捜部が村木を逮捕したのを受け、朝日――同紙だけでなく他紙も――はいつものように推定有罪報道を展開し始めたわけだ。それにしても、「疑いを持たれてしまった事実は重い」とは何なのか。「仮に無実であっても、検察に疑いを持たれたら反省しなければならない」という意味なのだろうか。

無罪判決を受けて見事に豹変する主要紙

逮捕から1年3カ月後の2010年9月、郵便不正事件は異例の展開を迎えた。何と、大阪地裁で村木は無罪判決を言い渡されたのである。

刑事事件で無罪判決は異例中の異例だ。特捜部が扱う刑事事件の有罪率は99%を超えている。99・9%であれば無罪判決は1000件に1件であり、事実上「特捜ににらまれただけで一巻の終わり」というのが実態だ。

日本で刑事事件の有罪率がこれほど高い理由については「裁判官と検察官が同じ司法村の仲間だから」「有罪確実な事件しか検察が起訴しないから」といった説がある。それに加えて、マスコミが検察に有利な世論形成に一役買い、有罪率を押し上げている可能性も見逃せない。法曹界には「裁判官も人間であり、世論を気にする」との見方がある。

異例中の異例である無罪判決について、それまで推定有罪報道に走っていたマスコミはどう対応したのだろうか。

一言で言えば見事に豹変(ひょうへん)した。主要紙が1面で大々的に無罪判決を報じ、しかも検察の捜査手法を批判したのである。読売は社説で「検察はずさん捜査を検証せよ」と強調するとともに、解説記事で「シナリオに固執する検察」と断じた。いつも検察のシナリオを増幅して伝えているマスコミの報道姿勢を棚に上げて。

朝日はその後、郵便不正事件の主任検事がデータを改ざんした疑惑をスクープしている。

主任検事に加えて上司2人も逮捕される前代未聞の検察不祥事に発展するきっかけをつくり、「検察の組織ぐるみの不正」を追及する急先鋒になった。「厚労省の組織ぐるみの不正」を追及していたのを忘れたかのようだった。

ヤミ金資金洗浄事件の報道被害

検察が常に正しく、裁判でも必ず有罪を勝ち取っていれば、新聞が検察寄りの推定有罪報道を続けていても恥をかくことはない。すでに述べたように例外中の例外が郵便不正事件だ。

村木に無罪判決が出たのを受けて主要紙は自らの紙面上でも自省した。毎日はそれまでの報道を検証する記事を掲載し、「再認識したのは容疑者側への取材の重要さだった」と結論した。「捜査する側」と「捜査される側」の構図で見ると、「捜査する側」に肩入れし過ぎたと認めたわけだ。

その意味で村木は幸運だった。5カ月も勾留されながら無実を主張し続けたとして、新聞やテレビではヒーロー扱いされた。マスコミが推定有罪報道の誤りを認めるとともに、検察を大々的に批判するなど異例の展開になっていたからだ。

村木はマスコミ報道にも助けられて名誉を回復し、職場への復帰を果たした。その後はとんとん拍子で出世して2013年には厚労省事務次官に就任。退官後も大手商社の社外取締役を務めるなど大活躍している。

もっとも、検察ににらまれたのが巨大官庁の局長ではなく、一介のサラリーマンだったらどんな展開になっただろうか。しかも、伝統的大企業のエリート役員ではなく、「ハゲタカ外資」と呼ばれてマスコミ受けしない外資系金融機関のバンカーだったら、同じようにマスコミに救ってもらえただろうか。

結論から先に言えば、仮にバンカーに対して無罪判決が下されても、マスコミは徹底的に無視しようとするだろう。それまで推定有罪報道を手掛けてきた手前、「誤報」との批判を受けかねないためだ。

実例はある。

指定暴力団・山口組旧五菱会絡みのマネーロンダリング（資金洗浄）事件で２００４年に逮捕・起訴されたクレディ・スイス銀行の元行員、道傳篤――。彼について「資金洗浄の指南役」として記憶していても、無罪を勝ち取ったという事実を知る人は少ないのではないか。

海外を舞台にした資金洗浄の摘発は初めてで、「ヤミ金融の帝王」梶山進が中心にいただけに、事件は「ヤミ金資金洗浄事件」としてマスコミで大きく取り上げられた。「指南役」としての道傳にも注目が集まった。ところが、無罪が確実になると、マスコミは道傳のことを忘れてしまったのだ。

推定有罪報道に壊された人生

結局、村木と道傳は異なる運命をたどることになった。村木は最高検首脳から直接「誠に申し訳なく思っています」と謝罪の言葉をもらい、職場復帰して出世した。一方、道傳は国から謝罪も受けていないし、職場へも復帰していない。

村木の5カ月を上回る9カ月以上も勾留されるなかで、道傳は多くを失った。無罪が確定したにもかかわらず、クレディ・スイスからは職場復帰の打診がないばかりか、「お疲れさま」の一言もない。

道傳が無罪を勝ち取ったことについて主要紙がどう報じていたのか、具体的に見てみよう。

一審に続いて二審で無罪判決が出たのは2007年9月12日。読売、朝日、毎日、日経の各紙は、同日付の夕刊で比較的小さな扱いで報じただけだった。読売と朝日の両紙は一段見出しの「ベタ記事」、つまり最小の扱いだった。文字数にして200字程度、400字詰め原稿用紙の半分だ。

二審・東京高裁の無罪判決を受け、道傳は投げ込み原稿を用意し、司法記者クラブで配布した。投げ込み原稿とは、記者クラブ内に置かれている各メディア向け「投函(とうかん)ボックス」に投げ込まれる発表資料などのことだ。

無罪が最終確定したわけではなかったが、検察側が最高裁に上告する可能性は低かったため、道傳は自分の気持ちを世間に伝えたかったのだ。

〈約十カ月に及ぶ勾留を含め、逮捕から三年三カ月が経過し、その間に失ったものはあまりに大きく、無罪判決を受けたからといって率直に喜べる状況ではありません。私は、逮捕以来終始一貫してありのままの事実を話してきたのですが、捜査機関が私の話に耳を傾けてく

れていれば、このようなことにはならなかったのにという思いが沸々とこみ上げてきます〉

道傳の投げ込み原稿を使ったのは毎日と日経の両紙だけだった。両紙とも、無罪判決の記事の関連コメントとして紹介し、ベタ記事と同じ扱いにした。他紙はコメント掲載を見送った。

郵便不正事件では、無罪判決を受けて村木が記者会見を開くと、「私の時間をもう奪わないで」などと彼女の言葉が大きく報じられた。それと比べ、道傳の言葉は無視されたに等しかった。

無罪確定を報じなかった新聞

無罪確定は、二審で無罪判決が出てから2週間後の2007年9月26日。この日が上告期限で、予想通り検察側は上告を断念した。翌日付の朝刊で読売、朝日、毎日の各紙は無罪確定を伝えた。そろってベタ記事だった。日経は何も報じなかった。記事検索システム「日経テレコン」を使って調べた限り、その後、各紙とも道傳に取材することはなく、彼に言及する記事は一切載せていない。

新聞以外では、ビジネス誌「日経ビジネス」が道傳にインタビューし、「マネロン監視の難しさ露呈」との見出しで記事を掲載している。すでに新聞社を退社していた私が彼を同誌に紹介したから実現した話である。

私が道傳との接点を持ったのは１９９０年代半ばのこと。私は日経のスイス・チューリヒ支局長を務め、彼は有力金融機関クレディ・スイスのチューリヒ本店に勤めていた。そんなことから自然と「取材する記者」と「取材されるバンカー」の関係が生まれた。

当時、私は国際資本市場やプライベートバンキング（富裕層向け資産運用ビジネス）、資金洗浄を主に取材。道傳には助けられることが多かった。忙しいときでも嫌がらず、丁寧に解説してくれたからだ。誠実で気さくな人柄の彼には電話をかけやすかった。

当時の道傳をよく覚えていただけに、２００４年６月に彼が警視庁に逮捕されたときにはにわかに信じられなかった。空港で直撃インタビューされ、「逮捕状が出ているので（勤務地の香港から）帰国しました」などと語る彼の姿をテレビで見て、「何か書きたい」という衝動にかられた。当時はまだ日経に籍を置き、編集委員として企業経営や資本市場を取材していた。

しかし、道傳逮捕の時点で、ヤミ金資金洗浄事件は捜査当局側を担当する社会部記者の領域になっていた。社会部の了解なしに私が勝手に取材し、記事を書くわけにはいかなかった。捜査当局を批判するような記事であればなおさらだ。サラリーマン記者としての限界だった。

道傳の妹・道傳愛子（あいこ）から「プライベートバンキングや資金洗浄について教えてください」と声を掛けられた際には、喜んで協力した。彼女は兄のために情報収集などで奔走していた。ＮＨＫのアナウンサーだったこともあり、事件に絡んで一部メディアで取り上げられるなど、彼女自身も影響を受けていた。

第8章　権力を守る匿名報道

世間を欺いた朝日の「ゴーン逮捕」報道

推定有罪報道がはびこる背景には、権力への密着取材で成り立つアクセスジャーナリズムがある。

ただ、マスコミとしてはあからさまにアクセスジャーナリズムに傾斜するわけにはいかない。世間から「権力に加担しているのでは」と疑念を抱かれてしまうからだ。疑念を抱かれずにアクセスジャーナリズムを展開するにはどうしたらいいのか。

匿名報道である。前章でも触れたように、マスコミは権力側を匿名にすれば、たとえ権力と癒着していても客観報道を装える。平たく言えば読者・視聴者をだませる。

２０１８年11月20日付の朝日新聞朝刊はアクセスジャーナリズム全開だった。日産自動車のジェット機が羽田空港に着陸するのを待ち構え、会長のカルロス・ゴーンが東京地検特捜部に逮捕される場面を生々しく再現していたのだ。まるで検察お抱えの広報チームであるかのように。

〈19日夕、カルロス・ゴーン会長の乗ったとみられるビジネスジェット機が羽田空港に着陸すると同時に、東京地検特捜部の捜査は一気に動き出した。羽田空港の滑走路に、ジェット機が降りたのは午後４時35分ごろ。機体のエンジン部分には「ＮＩＳＳＡＮ」の社名に似た記号「Ｎ１５５ＡＮ」が黒い文字でプリントされていた〉

朝日は検察からジェット機の到着時刻まで含めて捜査情報を詳細にリークされていたわけだ。記事中で「特捜部は着陸をひそかに、だが、万全の態勢で待ち構えていた。事前にゴーン会長が19日午後4～5時にビジネスジェット機で羽田空港に到着することを把握」と書いている。

ゴーンの逮捕容疑は、退任後の報酬隠しであり、金融商品取引法違反（有価証券の虚偽記載）とされた。

匿名の捜査官がマスコミを利用

マスコミ関係者であれば、朝日が検察からのリークに頼り、実質的に二人三脚で劇的瞬間を捉えたのが分かる。あるいは、検察が捜査を正当化するために、朝日をうまく利用したと言い換えてもいいかもしれない。

だが、一般読者はどうだろうか。朝日と検察の連係プレーに気付けるだろうか。

逮捕以降の報道を見ると、朝日も含めた主要紙の紙面は「関係者によると」形式の記事であふれ返っていた。情報源を匿名にした「出所不詳記事」でいっぱいだったわけだ。村上世彰の相場操縦疑惑を伝える新聞報道と同じ状況が出現していたといえる。

いや、それ以上だろう。記事検索システム「日経テレコン」で逮捕翌日から1週間を対象に「カルロス・ゴーン」「逮捕」「関係者」で検索してみたところ、全国紙5紙（読売、朝日、毎日、産経、日経）合計で162本の記事がヒットした。

試しに「関係者」の代わりに「捜査関係者」とするとゼロ本、「日産関係者」とすると15本の記事がヒットした。ほとんどの記事は単に「関係者によると」「関係者の話で分かった」などとしていたことになる。

ほかの大事件と比べてみよう。同じように逮捕翌日から1週間を対象にしてみた。

まず、2020年6月に公職選挙法違反（買収）で東京地検に逮捕された河井夫妻（元法相で衆議院議員の克行と妻で参議院議員の案里）。「河井夫妻」「逮捕」「関係者」で合計56本、「関係者」に代えて「捜査関係者」にすると3本の記事がヒットした。

2006年1月に東京地検に証券取引法違反で逮捕された元ライブドア社長の堀江貴文はどうか。「堀江貴文」「逮捕」「関係者」で134本、「関係者」の代わりに「捜査関係者」にすると3本となった。

要するに、ゴーン事件では主要紙の紙面は「独裁者」「ワンマン」などとゴーンの人格を攻撃する推定有罪報道一色になっていたばかりか、集中豪雨的な「関係者によると」報道で際立っていたわけだ。匿名の捜査官がマスコミを利用し、実名で第三者を攻撃する典型的状況が色濃く出ていたといえる。

一般読者なら「関係者」を目にしたら「検察リークに基づいた一方的報道」ではなく、「多角的な取材に基づいた客観的報道」と受け止めてしまうのではないか。だとしたら「ゴーンは悪人だから逮捕されても仕方がない」と思うのではないか。

このような展開は検察が理想として描いているシナリオである。

私は早稲田大学大学院で簡単な実験をしてみた。ジャーナリズムコースを履修中の院生にゴーン逮捕関連の記事を見せ、「関係者とは誰か?」と尋ねたのである。読んでもらった記事は、ゴーン逮捕翌日から1カ月余りの間に日経に掲載された24本の記事だ。

結果は予想通りで、「特捜部の捜査官」「日産の経営幹部」「ゴーンの弁護士」「ゴーンの友人・知人」など多様な答えが返ってきた。

つまり、「捜査する側」と「捜査される側」の双方を含めて多角的な取材に基づいて記事は書かれている、と院生は考えたのだ。紙面上には「検察の捜査は行き過ぎ」などと指摘する声――「捜査される側」の声――はほとんど反映されていなかったのに、である。

ここで一つはっきりさせておきたい。ゴーンは2019年12月に保釈中の身分でありながらレバノンへ逃亡している。推定有罪報道が蔓延していたから「有罪だから国外へ逃げた」と思われてもおかしくない。だが、裁判で有罪が決まったわけではない。

「関係者によると」が通じるのは日本だけ

日本の報道界で多用される「関係者によると」という報道スタイル。ガラパゴス化した日本のマスコミ業界だけで通用する手法であり、本来であれば禁じ手だ。

ニューヨーク・タイムズの記者倫理規定には次のように書かれている。

〈記事中に「関係者によると」に代えて「信頼できる関係者によると」と書いても、何の効果もない。「信頼できない関係者」を使って記事を書くことなどあり得ないからだ。「信頼できる関係者」に代えて「上院関係者」にするのは意味があるが、それでも十分とは言えない。

情報源を匿名にせざるを得ない場合、読者にできるだけ具体的な情報を与えるよう努力すべきだ。「外交官」よりも「西側外交官」、「西側外交官」よりも「アメリカ外交官」、「アメリカ外交官」よりも「会合に同席したアメリカ外交官」のほうがいい。

事件報道では、「事件に詳しい関係者」は論外。あまりにあいまいで、「関係者」が記者自身ということもあり得る。「訴状を読んだ弁護士」や「事件の渦中にある企業の経営幹部」などと書ければ、「事件に詳しい関係者」よりもはるかにいい。

読者にとって最も意味のあるやり方で情報の出所を説明するにはどうしたらいいのだろうか。

一つ例を挙げよう。「われわれは今回の法案を廃案にしようと動いている上院スタッフに接触し、報告書を入手した」。このように書けば、情報源が自らの政治的目的を達成しようとして新聞にリークしている事実も読者に伝えられる〉

アメリカの報道界では安易に「関係者によると」で報じてはならないと誰もが認識している。報道現場のイロハでもある。

「関係者によると」を英語にすると不自然さが浮き彫りになる。「according to sources」となり、ここには「取材したところ」というニュアンスもある。どんな記事も取材に基づいて書かれている。記事中に「取材したところ」と書かれていると、読者は「取材しないで書かれる記事もあるのか」と思ってしまうだろう。

人質司法に海外から批判噴出

権力側を匿名にした報道にマスコミが傾斜すると、どんな問題が出てくるのだろうか。権力側が匿名性の陰に隠れながらマスコミをメガホンとして使い、都合の良い方向へ世論を誘導できるようになる――ここに最大の問題がある。

ゴーンの逮捕・起訴をめぐって個人的に注目していたのは、いわゆる「人質司法」である。一度逮捕されると犯行を否認し続ける限りは長期勾留され、非人道的な環境下で自白を迫られる司法の実態を指している。

私はかねて人質司法の問題に興味を抱いていた。そんなわけで、「国際的な知名度抜群の経営者であるカルロス・ゴーンが長期勾留されれば、問題点に光が当てられて制度改革につながるかもしれない」と思い、その後の展開を注意深く観察した。

実際、人質司法に海外から批判が噴出した。日本の司法担当記者が長らく人質司法をほぼ無批判に受け入れていただけに、異例の展開になった。多くは「先進国の日本でこんなことがまかり通っているのか」という反応だった。

世界中に何百万人もの読者を抱え、影響力抜群のニューヨーク・タイムズを見てみよう。

2019年の1月末、「カルロス・ゴーンは無罪を主張しているのに、今も独房の中。これが日本のやり方」と題した記事を掲載し、人道的な観点から人質司法を問題視している。記事の冒頭は次のようになっている。

〈アメリカで最も悪名高い経済事件の主犯バーナード・マドフ。数百億ドルに上る詐欺で逮捕されたのに、1000万ドルの保釈金を払って即日身柄を解放された。以後、公判開始まで何カ月にもわたってニューヨーク・マンハッタンのペントハウスで過ごした。

一方、有価証券報告書の虚偽記載の疑いで逮捕された自動車王のカルロス・ゴーン。彼にとってマドフと同じような自由は夢物語である。先週には保釈請求が却下されたばかり。1週間で2度目である。彼の居場所は11月の逮捕以来変わらない。不格好で灰色の拘置所の中にある極小の独房だ〉

続いて記事中では、人質司法を糾弾する識者コメントや論説が次々と引用されている。「フランツ・カフカが小説の中で描いた暗黒社会と瓜二つ」(米人権団体代表)、「こんなことは健全な民主主義社会では起きるべきではない!」(仏リベラシオン紙社説)、「これでは容疑者・被告の人権を無視する独裁国家と変わらない」(人権団体アジア代表)――。

無理もない。ここでも推定有罪がまかり通っていたからだ。

実際、いったん逮捕されて拘置所送りになると、容疑者は有罪を宣告された罪人とまったく同じような状況下に置かれる。①丸裸にされて屈辱的な検査を受ける、②広さ3畳の独房に閉じ込められる、③弁護士の立ち合いなしで連日取り調べを受ける、④拘置所内では番号で呼ばれる、⑤座布団の上で一定の姿勢を保たなければならない――などだ。罪人を処罰する刑務所にいるわけではないのに、である。

堀江は自著『ゼロ　なにもない自分に小さなイチを足していく』（ダイヤモンド社）の中で「東京拘置所での独房生活は、まさに地獄の日々だった。その後移送された長野刑務所のほうがずっとマシ」と書いている。

日本の勾留期間が長いというのは誤解なのか

最大の問題は長期勾留だ。容疑者・被告が犯行を否認し続けると、なかなか保釈を認められず身柄を拘束されるのだ。最も有名なのは受託収賄罪で有罪判決を受けた政治家の鈴木宗男（すずきむねお）であり、400日以上も勾留された。ゴーンの場合、勾留期間は100日以上に及んだ。

ニューヨーク・タイムズが書いているように、アメリカであれば大型経済事件であっても、容疑者は逮捕後に長期勾留されることはない。史上最大のネズミ講詐欺事件であるマドフ事件（2008年）で主犯が即日釈放されたように、史上最大の粉飾事件であるエンロン事件（2001年）でも実質的な創業者で会長のケネス・レイは逮捕翌日に釈放されている。無罪を主張して保釈金を払ったからである。

ニューヨーク・タイムズはゴーン逮捕から数カ月後の2019年2月に「カルロス・ゴー

ンがアメリカで逮捕されたら?」と題した記事を掲載し、「長期勾留はあり得ない」と結論している。

理由としては大きく二つある。一つは「経済事件では企業が記録を保管し、必要に応じて当局に提供するため、証拠隠滅のリスクが少ない」からであり、もう一つは「ゴーン事件はホワイトカラー犯罪であり、大掛かりな麻薬取引や凶悪な殺人、児童ポルノではない」からである。

だが、日本の大手メディアは「長期勾留について海外は誤解している」と思っているようだ。

例えば、2018年12月30日付の朝日朝刊に載った記事。「(ドイツでは)必要なら裁判が終わるまで最長6カ月拘束する」「(フランスでは)最長4年8カ月拘束できる」などとしたうえで、専門家の意見として「日本だけが長いというのは誤解だ」と指摘している。

2019年1月15日付の産経新聞朝刊も「(欧米メディアには)日本の制度への誤解に加え、人権意識の違いから生じた批判も多かった」と断定。朝日と同様にフランスを例に持ち出して「重大事件の場合は最長4年8カ月勾留が可能だ」と強調している。

個人的に最も気になったのは、逮捕から108日目(2019年3月6日)にゴーンが保釈されたのを受けて日経が掲載した記事「ゴーン元会長保釈、揺らぐ日本型司法」だ。ここで使われている各国制度比較表を見ると、日本の刑事司法制度はアメリカやフランスよりもずっとマシに見えるのである。

①日本「1回の逮捕・勾留で最長23日間」
②アメリカ「逮捕から大陪審の起訴まで30日以内。延長も」
③フランス「予審の対象者は重罪で1年以内。最長で約4年」
④韓国「警察・検察で最長30日」

フランスが「最長で4年」ならば、先進国の中で最悪に位置する。なのに、同国メディアは自国の「最長で4年」という非人道的問題を棚上げし、日本の人質司法を批判する急先鋒になっていた。どうしてなのか。

アメリカでは巨大経済事件の主犯でも逮捕後に即座に釈放されているというのに、「30日以内。延長も」とはどういうことか。記事中では30日を超える長期勾留の事例も示されるべきではないのか。

私が主要紙を点検した限り、フランスの経済事件で4年間拘束の実例を挙げる記事は見当たらなかった。主犯が逮捕直後に釈放されたマドフ事件やエンロン事件に言及する記事も皆無だった（ゴーンの弁護人である高野隆（たかのたかし）は自分のブログなどで「エンロン事件では主犯が逮捕直後に釈放されている」と指摘していたのに、マスコミに無視されていた）。

一方で、日本について「1回の逮捕・勾留で最長23日間」とするのは明らかにミスリーディングである。正しくは「複数回の逮捕・勾留で数百日も」だろう。ゴーンは合計4回も逮捕されて勾留期間が合計１２８日に及んだのだから。

河井元法相の長期勾留、人質司法は話題にならず

マスコミはうまく当局に誘導されているのではないか……。日経が使った各国制度比較表の出所を見て腑に落ちた。出所について「法務省の資料（11年）と取材に基づく作成」と注記があったのだ。

実際に法務省が作成した「諸外国の刑事司法制度」を見てみた。すると、日経の制度比較表は細かな表現まで含めて法務省の「諸外国の刑事司法制度」からそのまま引用していることが分かった。つまり、日本の制度を良く見せたい当局側――検察庁は法務省に属する行政機関――が用意したデータが出所なのだ。

ちなみに、日経はゴーン逮捕から数週間後に「海外からの捜査批判に説明を」と題した社説を掲載し、「（海外からの）一方的な批判を放置すれば、刑事司法に対する国民の信頼を損なうとともに、国際的な日本のイメージが傷つくことになりかねない。法務省や最高裁には制度の違いなどをていねいに説明し、正しく反論する姿勢が求められる」と書いている。

権力側が水面下で記者に接触し、資料を手渡したり個別説明をしたりするのは日常茶飯事だ。私自身も記者時代、霞が関に出向いて主要経済官庁の課長クラスから資料をもらい、いろいろ説明を受けた記憶がある。

「官庁の中の官庁」と呼ばれ、権力機構の中心に位置してきた財務省もかねてマスコミ対策

に余念がない。例えば、財政危機を訴えて増税路線を進むためにはマスコミを誘導し、ひいては世論の支持を取り付けなければならない。

同省出身の経済評論家・高橋洋一(たかはしよういち)は自分自身の官僚時代について、「正直言ってマスコミの扱いは簡単。私の思惑のまま、当局側の言う通りに報道してもらえた」と振り返っている。「海外との比較などについて紙の資料に書いて渡すととても喜ばれ、そのまま転記してもらって記事になることが多かった。当然、メディアに流す情報は役所にとって好都合のものばかり」

マスコミに情報をリークすると、権力側の思惑通りに記事にしてもらえたということだ。もちろん、権力側からこっそりと資料をもらい、記事中で使ったからといって、記者は出所を明示するとは限らない。その場合、権力側からのリークに基づいた匿名報道と実質的に同じになる。

ゴーンが長期勾留を終えて保釈されてからちょうど2年後の2021年3月、選挙法違反で長期勾留されていた元法相・河井が保釈された。勾留期間は259日に及んだにもかかわらず、ゴーン事件であれだけ問題視された人質司法はほとんど話題にならなかった。当局がマスコミ操作に成功したということなのだろうか。

朝日の「ゴーン逮捕」報道が新聞協会賞応募作に

推定有罪報道とセットで匿名報道が氾濫したゴーン事件。だが、検察当局に食い込んで先行取材した朝日にとっては「今年一番の自慢のスクープ」に相当したようだ。2019年度の新聞協会賞応募作の中に同紙の「日産自動車カルロス・ゴーン会長逮捕をめぐる一連のスクープ」が入っていたのだ。

朝日は応募理由について次のように記している。

〈東京地検特捜部が日産のゴーン前会長を金融商品取引法違反で逮捕することをスクープし、デジタル速報した。速報は世界に衝撃を与え、各国のメディアに転電された。羽田に到着したジェット機の様子も動画で特報。その後も捜査の核心に迫る特報を重ねた〉

要するに、他紙に先駆けてデジタル速報した点に価値を見いだしているわけだ。アクセスジャーナリズムを全面展開して得たネタをいち早く報じて、「これこそ大特ダネ」と胸を張っているのと同じだ。朝日内部ではいまだに旧来型特ダネ――エゴスクープ――を重視する風潮が根強いのだろう。

幸いにもゴーン事件をめぐる朝日の「スクープ」は新聞協会賞を逃した。代わりに編集部門では調査報道にふさわしい作品が二つ選ばれた。一つは共同通信による「関西電力役員らの金品受領問題」のスクープであり、もう一つは秋田魁（さきがけ）新報社による「イージス・アショア配備問題を巡る適地調査、データずさん」のスクープだ。

NHKの「天皇陛下『生前退位』の意向」を筆頭にエゴスクープは今でも新聞協会賞の有

力候補だ。だからこそ朝日は「ゴーン逮捕」を応募作に選んだのだろう。それでも、少しずつではあるとはいえ、新聞協会賞の選考基準は変わってきているようだ。

戦争の原因となる匿名報道

匿名報道が跋扈(ばっこ)すると、権力が暴走して深刻な問題を引き起こすこともある。程度の差こそあれ、万国共通である。

ペンタゴン・ペーパーズ事件やウォーターゲート事件で調査報道のお手本を示したアメリカも例外ではない。匿名報道を起点にして戦争が起きたこともある。

ジュディス・ミラーからジュリアン・アサンジへ――。こんなタイトルの論文が2010年12月にネット上に登場し、話題を集めた。前者はニューヨーク・タイムズの元スター記者ミラーであり、後者は内部告発サイト「ウィキリークス」創設者である。

ミラーは匿名報道の代表選手でもある。匿名の情報源に頼って「イラクに大量破壊兵器は存在する」と書き、ブッシュ政権によるイラク戦争を後押しする格好になったのだ。ピュリツァー賞受賞歴もある著名ジャーナリストだったのに、ブッシュ政権にうまく利用されて「御用記者」に成り下がってしまった。

情報源が実名で書かれていれば、ミラーの記事はそれほど注目を集めなかったと考えられている。情報源が「戦争正当化に向けて世論を誘導したいブッシュ政権高官」や「イラクのフセイン政権の転覆を願う亡命イラク人」に偏っていることが明らかになり、「大量破壊兵器は存在する」という情報に疑問符が付けられたかもしれないからだ。

それだけではない。実名で語るとなれば、情報源は自らの発言に責任を持たなければならず、いい加減なことは言えなくなる。つまり、決定的な証拠がない状況下では、実名では「大量破壊兵器は存在する」と言いにくくなるのだ。匿名であれば「そんなことは言っていない。ニューヨーク・タイムズが勝手に書いただけ」と責任転嫁できる。

論文を書いたのは、「スクープ4形態」を概念化した論客ジェイ・ローゼン。論文を要約すると次のようになる（彼のブログサイト「プレスシンク（Pressthink）」から引用）。

〈アメリカのジャーナリズムは、ウォーターゲート事件やペンタゴン・ペーパーズ事件で権力のチェック役としての地位を築いた。だが2002年9月8日、その評判は地に落ちた。この日、ミラーが大量破壊兵器の記事を書いたのだ。

イラク開戦当時、「急進的な政府不信」は許されなかった。マスコミは政府を疑わず、むしろ擁護し、政府は国民をだまして戦争に突き進んだ。その反動として今起きているのは、ウィキリークスが象徴する「急進的な情報開示」だ。

民主主義が機能しなくなったとき、最後の望みは報道機関によるチェックだ。しかし、最悪の場合、報道機関によるチェックも機能しなくなる。すると、政府の秘密を暴くために極端な内部告発が起きる。アサンジを理解するためには、「ミラーで始まり、ウィキリークスで終わる物語」を語らなければならない〉

無責任な匿名報道が横行し、戦争が起きた反動でウィキリークスが登場した――ローゼンはこう言っているのだ。

ハリウッド映画『グリーン・ゾーン』のモデルは御用記者

御用記者としてあまりに有名になった結果、ミラーはハリウッド映画のモデルにもなった。マット・デイモン主演で２０１０年に公開になった『グリーン・ゾーン』の中で、経済紙ウォールストリート・ジャーナルの記者ローリー・デインとして登場するのだ。

映画の舞台は２００３年に始まったイラク戦争であり、焦点は開戦の根拠になった大量破壊兵器の行方だ。デイモンはアメリカ陸軍のロイ・ミラー上級准尉を演じ、大量破壊兵器を発見する任務を負わされた。

無責任な匿名報道という観点からすると、最大の見どころはミラー上級准尉がデインに詰め寄るシーンだ。

「君の記事を読んだ。ＷＭＤ（大量破壊兵器）の存在を裏付ける情報源は『マゼラン』と呼ばれているそうだな」

「情報源については何も話せないわ」

「マゼランがなぜ真実を話していると分かる？」

「信頼できる仲介者を使ったからよ」

「WMDが隠されているとされる場所に行ったことがあるのか?」

「……」

「俺は行った。そこには何もなかった。マゼランの情報はすべてガセ情報だ! 仲介者は誰だ?」

「情報源は明かせない」

「いいかげんにしろ! そもそもWMDが開戦理由なんだぞ。君は優秀な記者なのに、『WMDは存在する』なんてウソを書いてきた。なぜなのか説明してもらおう」

「いいわ。ある日、ワシントンの政府高官から電話をもらい、『WMDの存在を裏付ける情報がある』と言われた。会いに行ったら、マゼランから直接聞き出した話をまとめた報告書をくれた」

「その報告書が正しいかどうか、ウラを取ったのか?」

「何を言っているの? 彼は政府高官で、マゼランと接触できる立場にあるのよ!」

アメリカのマスコミ人であれば、デインのモデルがミラーであることはすぐに分かる。彼女は「大量破壊兵器は存在する」と書き続け、結果的にイラク戦争の正当化に一役買ったことから社内外で批判を浴びたのである。

記者が権力側から資料を手渡されて、情報源をあいまいにしたままで「スクープ」を放つ——。記者が司法当局から国際比較資料を見せられ、人質司法を擁護する記事を書く構図と何やら似ていないか。

ちなみにミラーは社内外で徹底的に批判され、失意のうちにニューヨーク・タイムズを退社している。

第9章　顔の見えない捜査官・裁判官

目指すべきはアカウンタビリティージャーナリズム

アクセスジャーナリズムとアカウンタビリティージャーナリズムの定義を改めて思い出してほしい。第3章で触れたように、コロンビア・ジャーナリズム・レビューによれば、前者は「権力側が持っている内部情報を報じる」、後者は「権力側に位置する組織や人間について報じる」という特徴を持っている。

少し言い方を変えてみよう。アクセスジャーナリズムでは「権力側＝匿名」「マスコミ＝権力のプロパガンダ」になり、アカウンタビリティージャーナリズムでは「権力側＝実名」「マスコミ＝権力のチェック役」になる。

言うまでもなく、報道機関はアクセスジャーナリズムを排除し、アカウンタビリティージャーナリズムを目指すべきである。事件報道であれば権力側を匿名にせずに、「捜査される側」と同様に「捜査する側」についても詳しく報じなければならない。

この点ではアメリカから学ぶ点は多い。確かに同国のメディアはイラク戦争報道ではアクセスジャーナリズム全開になったものの、御用記者を追放する規律も持ち合わせている。アカウンタビリティージャーナリズムの伝統があるからこそである。

実際、事件報道では「捜査される側」に加えて「捜査する側」も丸裸にされるケースは珍しくない。捜査当局側の責任者が新聞紙面上で、顔写真付きで大きく登場するのである。

「捜査する側」が写真付きで紹介される

２００８年のリーマンショック絡みの事件を振り返ってみよう。

特に大きな注目を集めたのは、「市場の番人」と呼ばれる証券取引委員会（ＳＥＣ）による「最強の投資銀行」ゴールドマン・サックスの摘発だ。何しろ、和解金が5億５０００万ドルに達し、ウォール街の制裁金記録を塗り替えたのだから。

「ゴールドマン対ＳＥＣ」をアメリカの主要紙はどう報じたか。ポイントは三つある。①「捜査される側」に加えて「捜査する側」の責任者についても実名で詳しく報じた、②「捜査する側」が抱える問題点も浮き彫りにした、③「捜査される側」の反論にも大きく紙面を割いた――である。

問題の根っこにあったのは、リーマンショックの引き金になったサブプライムローン（信用力の低い個人向け住宅融資）関連の証券化商品。ＳＥＣは２０１０年4月中旬、同商品の販売に絡んで投資家をだましたとして、ゴールドマンをニューヨーク連邦地裁に提訴したのである。

これを受けてニューヨーク・タイムズが同紙ビジネスセクションの1面に掲載した長文記事は興味深かった（ビジネスセクションとは経済ニュースをひとまとめにした別刷り）。「捜査される側」のゴールドマンではなく「捜査する側」のＳＥＣにスポットライトを当てていたからだ。

実際、見出しの「SEC、ウォール街に警告」が示すように、記事はSECを軸に構成されていた。使っている写真もSEC委員長メアリー・シャピロであり、ゴールドマン最高経営責任者（CEO）のロイド・ブランクファインではなかった。

同紙はさらに記事を中面へジャンプさせている。そこで大きく使われている写真に納まっていたのは、SECの現場指揮者である捜査局長ロバート・クザミだ。写真の中ではオフィス内の机に座り、受話器を耳に当てながら仕事をしている。

同年7月中旬にゴールドマンがSECと和解した際にはどんな紙面になっていたのか。同紙はやはりビジネスセクションの1面を使い、「ゴールドマン戦争を終えた将軍たち」との見出しで、ゴールドマンとSEC双方の内情を同程度に詳しく描いている。

中面を見れば、SEC捜査局の主要メンバー全員の顔と名前が分かる。ゴールドマンCEOのブランクファインが議会証言している写真の上に、クザミ以下のSEC捜査局メンバーがオフィス内で勢ぞろいしている写真が掲載されていたからだ。全員実名入りで。

コロンビアJスクール留学時代、私は何度も「ヒューマンインタレスト（人間的要素）を前面に」と教えられた。あらゆる組織は人間が動かしているのであり、人間を主語にして書かなければ真実を伝えられないというのだ。

事件報道でもヒューマンインタレストは重視される。「ゴールドマン対SEC」であれば、「SECは～」ではなく「シャピロは～」、「ゴールドマンは～」ではなく「ブランクファインは～」と書くよう求められるわけだ。

世間的には無名の東京地検特捜部長

「何だ、そんなことか」と思われるかもしれない。しかし日本の報道基準からすると異例なのだ。「捜査する側」は匿名、「捜査される側」は実名——これが日本基準だ。「捜査する側」についてヒューマンインタレストはほとんど出てこない。

東京地検特捜部を見てみよう。大型事件に際してマスコミに頻繁に登場するにもかかわらず、常に「顔の見えない組織」として扱われている。捜査チームが実名入りで一堂に会している写真が主要紙に掲載されることはまずない。

例えば、カルロス・ゴーン事件で最初に弁護人に選ばれた大鶴基成(おおつるもとなり)だ。あれだけ騒がれた事件の担当になっただけに、新聞やテレビにひっきりなしに登場した。それなのに、彼の顔写真を見て、元東京地検特捜部長と認識できた人はほとんどいなかっただろう。

不思議ではないか。大鶴が率いていたのは「日本最強の捜査機関」と言われる東京地検特捜部だ。しかも、彼が手掛けた事件には2006年に相次ぎ表面化したライブドア事件と村上ファンド事件がある。前者は粉飾決算、後者はインサイダー取引に絡んで摘発され、経済事件としては過去に例がないほど注目を集めている。

にもかかわらず、世間的に大鶴は認知されていなかったのである。理由ははっきりしている。歴代の特捜部長と同様に彼も常に匿名性の陰に隠れ、マスコミのチェックをほとんど受けていなかったからだ。

東京地検特捜部長就任時には記者会見で「額に汗して働く人、リストラされ働けない人、違反すればもうかると思っていても法律を順守している企業の人たちが、憤慨するような事案を摘発したい」と宣言していた大鶴。ライブドア事件では新聞紙面上でどれほど存在感が乏しかったのか、当時の主要紙で点検してみよう。

ライブドア事件をめぐる報道が一気に過熱したのは同年1月23日以降だ。この日に「ホリエモン」こと堀江貴文が逮捕されたのだ。

だが、新聞報道では東京地検は頻繁に登場するのにヒューマンインタレストは事実上皆無だった。逮捕から1カ月間を対象に読売、朝日、毎日、日経の主要4紙を調べてみると、東京地検が登場する記事は394本もあるのに、このうち大鶴への言及がある記事は4本にとどまったのだ。

しかも、4本のうち3本は「額に汗して」という言葉を紹介しているだけだった。捜査を指揮する特捜部長の顔はまったく見えてこなかったといえよう。

ちなみに、大鶴は最高検検事として2010年初めの陸山会事件も主導。同事件では小沢一郎を立件できずに「無理筋の捜査を進めた」などと批判され、世間的にようやく知られるようになった。2011年に早期退職している。

新聞紙面で匿名の権力者が実名で第三者を攻撃するのは、インターネット上で匿名の投稿者が実名で第三者を攻撃する構図とそっくりだ。それなのに、日本のマスコミ業界では「報道倫理の観点から問題」といった声は出てこない。

メディアが助長する「ノーチェックの官僚組織」の暴走

ライブドア事件では、主要紙は「捜査する側」を匿名にしたばかりか、「捜査する側」の問題点を浮き彫りにしたり、「捜査される側」の反論を大きく載せたりすることもなかった。検察側のシナリオを報じるのに忙しく、バランスが取れた報道を心掛けるどころではなかったようだ。

２０１１年に最高裁で実刑が確定し、収監される直前に出版した著書『収監　僕が変えたかった近未来』（朝日新聞出版）の中で、堀江は次のように書いている。

〈強大な権力を持ち、その気になれば法律を拡大解釈してどんな罪でも着せることができる検察官に配慮して、マスコミは積極的に、その危険性を指摘してこなかった。（中略）事件が〝弾ける〟とマスコミが御用報道を繰り返して被疑者や被告人の悪人イメージを植え付け、世論に風を吹かすのだ。このままでは日本の権力の暗部である検察、特に特捜部は改革されることなく不透明な捜査を繰り返すだろう〉

日本の検察組織については、報道機関によるチェックはとりわけ重要だ。トップが政治任用や選挙の洗礼を受けるアメリカと違い、「ノーチェックの官僚組織」として暴走する恐れがあるためだ。

よく知られている通り、検察は捜査権と起訴権の両方を握っている。アメリカで言えば連邦捜査局（ＦＢＩ）と連邦警察を束ねたような組織であり、ガバナンス上の問題を内包している。そのため、自ら捜査を手掛けた事件については、無理してでも起訴・有罪に持ち込もうとする（警察から送検された事件であれば、客観的立場で起訴・不起訴を判断できる）。そんなとき、マスコミがチェックしなくて誰がチェックするのだろうか。

ライブドア事件ならば、マスコミは「大鶴対堀江」という対立構図を示せばいい。堀江と同様に大鶴にもスポットライトを当て、検察内での評価や官僚としての野心、捜査手法の問題点についても踏み込んで書くわけだ。こんな報道ができれば、「われわれは権力のチェック役」と胸を張れるだろう。

改革のための第一歩は、「当局のシナリオを垂れ流すだけの記事にはニュース価値はない」と宣言し、リークに頼る報道から脱皮することだ。リークに依存しないのでいいのであれば、リーク元を守るための匿名報道に頼る必要性もなくなる。そうすれば、現場の記者は「権力から情報をもらう」のではなく「権力をチェックする」という姿勢で取材するようになるだろう。アクセスジャーナリズムからアカウンタビリティージャーナリズムへの転換である。

一つ補足しておきたい。日本で「匿名報道」が話題になると、ほぼ自動的に「事件報道でプライバシーなどの観点から容疑者・被告人・被害者・関係家族を匿名にする」という文脈で議論が進む。権力側を匿名にする報道とは意味合いがまったく異なる。

「裁かれる側」は実名、「裁く側」は匿名

これまで書いてきたように、日本の新聞紙面上では「捜査する側」は匿名、「捜査される側」は実名で報道されがちだ。では、特捜部が起訴した刑事事件の99%以上に有罪判決を下してきた裁判所はどうだろうか。

本来ならば「裁かれる側」と同様に「裁く側」も新聞のチェックを受けるべきだ。裁判所は司法権を行使する立場にある。立法権と行政権と並んで三権の一翼を担う巨大権力なのだ。ところが、検察と同じ「司法村」に属するからなのか、裁判官が厳しくチェックされることはない。どんなに有名な事件でも、担当裁判官の経歴や手腕はなかなか公にされない。

例えば、村上ファンド事件の一審公判の舞台になった東京地裁。裁判官は2007年の判決文の中で「安ければ買うし、高ければ売るという徹底した利益至上主義には慄然とせざるを得ない」と書き、一部の専門家からは「実態を知らない素人の判断」といった批判も受けた。

村上に実刑判決を言い渡した裁判長は高麗邦彦（こまくにひこ）。過去にどんな裁判を担当し、どんな司法判断を下してきたのか。そもそも経済事件に明るいのか。市場関係者は興味津々だったのに、主要紙を見てもどこにも何も書いていなかった。

厳密に言えば、紙面上に名前が出ることは多い。記事検索システム「日経テレコン」を使い、全国紙と地方紙を対象に村上ファンド事件に絡んで高麗が登場する記事本数を調べると、

合計178本になった。もっとも、ほとんどは「〜に対する判決が東京地裁（高麗邦彦裁判長）で言い渡された」といった形で名前が引用されているにすぎない。

高麗が担当した刑事裁判には西武鉄道の総会屋利益供与事件もあった。しかし、村上ファンド事件の一審判決を報じる際に、高麗について「利益供与事件で西武鉄道元役員に有罪を宣告した裁判官」などと言及する記事は一本もなかった。

つまり、高麗の経歴については何も書かれていない記事ばかりということだ。実名報道とはいえ、「権力をチェックする」という報道とはとても言えない。権力側を匿名にする報道と実態は変わらない。

経済事件で裁判官の個性を報じるアメリカ

ここで、同様の刑事裁判がアメリカではどのように報道されているのか点検してみよう。村上ファンド事件ではインサイダー取引が焦点になっていたので、比較対象としてアメリカで最も有名なインサイダー取引事件を見てみよう。1989年の「ミルケン事件」だ。

ミルケン事件では、「ジャンク債の帝王」と呼ばれた投資銀行家マイケル・ミルケンがインサイダー取引など98の罪で起訴された。公判の舞台はニューヨーク南部地区の連邦地裁。判決が出る直前の1990年10月中旬の紙面で、ニューヨーク・タイムズは「ミルケン事件の最終章」という記事を掲載し、担当裁判官キンバ・ウッドに言及している。

〈彼女は1年足らず前にニューヨーク南部地区の連邦地裁判事に就任したばかり。同地区連邦地裁判事として史上最年少だ。最初に脚光を浴びたのは、(ミルケンが所属する投資銀行)ドレクセル・バーナム・ランバート事件の担当になったときだった。

ドレクセル事件は比較的簡単に片付いた。公判前にドレクセルが罪を認めたからだ。もっとも、ミルケン事件は一筋縄ではいかないだろう。

もともとは独禁法の専門家で、現在46歳。これまでのところ、ミルケン裁判の処理では法曹界で高い評価を得ている。膨大な情報の中から本質を見いだしながら、確固たる姿勢で公判を進めているからだ。

1969年にハーバード大学ロースクールを卒業し、1978年にはニューヨークの大手法律事務所の訴訟パートナーになった。巨大法律事務所でここまで出世する女性は当時としては珍しかった〉

ミルケン事件の報道を見れば分かる通り、担当の裁判官は新聞紙面上でそれなりの扱いを受けている。単なる経歴ではなく、性格なども含めて描かれている。アメリカの新聞は「捜査する側」に加えて「裁く側」についても報道しようと努めている。ここには匿名性はない。

最高裁裁判官の名前を知っていますか?

マスコミ報道で「裁く側」の扱いが小さいのは、刑事裁判に限らない。司法権の頂点に位置する最高裁裁判官の任命や司法判断をめぐる報道でも、日米で雲泥の差が出る。

衆議院総選挙の投票日に、投票所で国民審査の用紙を渡されて戸惑うことはないだろうか。不信任にしたい最高裁裁判官にバツ印を付けなければならないのだが、手元に判断材料がないから何も書かないままにしてしまう。何も書かなければ信任票を投じたことになると分かっていても、である。

個人的にも次のような経験がある。

総選挙の日程が決まり、「今度こそ国民審査できちんと投票しよう」と自分に言い聞かせる。「大幅な一票の格差はおかしい」とかねて感じていたので、「一票の格差を合憲と考える裁判官を不信任にしよう」と思う。

ところが、忙しさにかまけて下調べしないままで投票日を迎えてしまう。慌てて当日の朝刊を調べるが、案の定、一票の格差を合憲と考える裁判官が誰なのか、紙面のどこを見ても分からない。

何日か前に、朝日など主要紙が審査対象の裁判官についてアンケート調査していたはずだが……。しかし後の祭り。古い新聞紙はすでに捨てている。調査結果はちらっとしか見ておらず、一票の格差について何か書いてあったのか、書いてあったとすればどんな内容だったのか、まったく思い出せない。

投票所では、私のような有権者向けに参考資料がどこかに置いていないかどうか、念のためにチェックしてみる。何も見当たらない。投票用紙を見ても、そこには名前が書いてあるだけ。結局、全員にバツ印を付けて投票するか、無記入のまま投票するか、どちらかにせざるを得なくなる。

要するに、最高裁裁判官は「裁く側」の頂点に位置していながら、事実上の匿名性に守られ、厳しいチェックから逃れているのだ。

ここで素朴な疑問が湧く。個々の有権者は自ら最高裁裁判官について調べ上げ、国民審査を通じてチェックしなければならないのか。

国民審査前の無責任な社説

大手メディアは国民審査の形骸化をまるで他人事のように語りがちだ。例えば日経新聞。2017年10月の総選挙前、社説で次のように書いている。

〈国民審査の形骸化が指摘される。まずは最高裁が判断材料をより積極的に発信する必要がある。制度の見直しをためらわず、さらに実効性を高めていくべきだ〉

次は信濃毎日新聞の社説だ。

〈主な判断材料は、新聞の折り込みなどで配られる公報だ。略歴と関与した主要な裁判、心構えの3項目しかない。裁判例は法律用語が多用され、分かりにくい〉

最高裁裁判官について有権者が無知なのは、新聞が詳しく報じてこなかったからではなく、政府広報が足りないからと主張しているわけだ。

放っておけば権力が秘密主義に走るのは古今東西変わらない。情報の独占は権力側の力の源泉なのだ。だからこそ「第四の権力」として報道機関が機能しなければならない。国民審査に際して「広報活動が足りない」「透明性を向上するべき」などと嘆いているだけでは、報道機関として失格だ。

アメリカの大手メディアは最高裁の内側についてびっくりするほど詳細に報じている。トランプ政権時代には最高裁判事の指名が大統領選挙の材料に使われたり、新判事候補をめぐって性的暴力疑惑が浮上したりしたため、例年になく大騒ぎした。

そうでなくても最高裁判事の指名は特大ニュースになる。一例は、2009年5月27日付のロサンゼルス・タイムズ。オバマ政権下で最初の最高裁判事が指名されると、文字通り1面全体を使って大特集を組んだ。

指名されたのは初のヒスパニック系であるソニア・ソトマイヨール。同紙は中面でも見開き2ページを使い、関連記事で埋め尽くしていた。そのうちの一つは「貧しいニューヨーク・ブロンクス地区からアイビーリーグへ」との見出しを掲げ、彼女の生い立ちに焦点を合わせる長文のフィーチャー記事だった。

日本では最高裁判事の人事はどう報じられているのだろうか。2021年1月15日に最高裁判事に任命された英国大使・長嶺安政のケースを調べてみた。

読売、朝日、毎日の3紙を見ると、同日付夕刊から翌日付朝刊にかけて3紙とも新判事任命のニュースを伝えている。そろって1面ではなく中面を使い、最小のベタ記事扱いにしていた。

それから数週間にわたって新判事・長嶺についての続報はなかった。取材時間が十分にあったにもかかわらず、3紙は長嶺がどんな教育を受け、一票の格差などについてどんな考えを持っているのか、何も報じなかったわけだ。

長嶺が同年2月8日に正式に最高裁判事に就任すると、3紙はやっと続報を打った。彼が就任記者会見を開いたからだ。しかし記者会見の様子はやはりベタ記事扱い。3紙の中で最も長い記事を書いた毎日でも415文字、つまり400字詰め原稿用紙1枚にすぎなかった。

これでは有権者が何も知らないままで国民審査を迎えてしまうのも仕方がない。「政府広報が足りないから」ではなく「マスコミが取材しないから」最高裁裁判官は国民の間で知られることなく、事実上の匿名性で守られているのである。三権の一翼を担う司法の頂点に位置しているのに。

第10章　抗議デモと権力取材

官邸記者クラブ前で大規模な反原発・脱原発デモ

記者クラブ的な報道の弊害が顕著に現れるのはデモ取材である。デモ取材は基本的に「市民目線の報道」であり、権力からのリークに頼る報道と正反対だからだ。

デモ取材の問題点が日本で初めてクローズアップされたのは、東日本大震災翌年の2012年のことだ。同年春から夏にかけて、首相官邸前で毎週金曜日に行われる反原発・脱原発デモが大規模化していったためだ。

原発推進を基本方針に掲げる権力側にとって、原発再稼働反対をスローガンにする抗議デモは目障りな存在だった。そんな対立構図があるなか、大手メディアは最初のうち抗議デモを無視し続けた。

ツイッターやフェイスブックなどソーシャルメディアが原動力になり、官邸前の抗議デモは回を重ねるごとに参加者が増えていった。サラリーマン、派遣社員、大学生、親子連れ、老夫婦――。さまざまな世代から普通の市民が大勢集まり、抗議の声を上げていたのだ。

当時の野田(のだ)政権が再稼働を決定する直前の6月15日には主催者発表で1万1000人を超えた。それでも大手メディアはなおも静観を決め込んでいた。唯一朝日新聞が翌日の中面で小さな記事を載せただけだった。

大手メディアは一体何をしていたのだろうか。日本最大級の記者クラブである官邸記者クラブに数百人の記者を常駐させていたというのに……。

これにはさすがに読者もあきれたようで、東京新聞には「1行の記事もないのはどうしたことなのでしょう」「どのように取り上げてくれるのか楽しみにしていたのでがっかり」「国民のために新聞を作ってください」などと100件以上の抗議が殺到した。

もちろん東京以外の主要紙にも読者から抗議の声が届いていたはずである。だが、読者からの抗議を真摯（しんし）に受け止め、検証記事まで掲載したのは主要紙の中では東京だけだった。

同紙は反省文の中で次のように書いている。

〈再稼働決定前夜のデモは当然報じるべきでした。掲載に圧力がかかったわけではありません。取材を担当する部署内の連絡ミスで、当日、現場に出向いた記者がいなかったのです。官邸前に足を運んだ多くの市民に寄り添うことができず、肝心な取材を怠ってしまう結果となりました〉

抗議デモを報じないマスコミの構造問題

本当に連絡ミスだけだったのか。個人的な記者クラブ経験――大蔵省（現財務省）記者クラブ、日本銀行記者クラブ、東京証券取引所記者クラブなどに所属したことがある――を踏まえると、ここには構造問題がある。

第一に、記者クラブ内の記者は記者会見やブリーフィング、資料配布などへの対応を主な仕事にしている。自然発生的なデモ隊から記者クラブには事前連絡が入らないから、取材しようと思わない。

第二に、記者クラブメディアは権力側が発信したい情報をいち早く伝える競争にどっぷり漬かっており、デモなど非権力側の動きにニュース価値を見いだしていない。だから街中に飛び出して市民の声をひろおうなどと考えない。

第三に、官邸記者クラブには各社の政治部記者が配属されており、政治とは直接関係ないデモが起きても担当外と思いがちだ。ブリーフィングを無視してデモ取材に出掛けたら「余計なことをするな！」などと現場のキャップから大目玉を食らうだろう。

デモ隊を相手にする必要はないと思っていたのは記者クラブメディアに限らなかった。6月末の金曜日（同月29日）にデモの規模が空前の20万人に膨らむと、首相の野田佳彦（よしひこ）は他人事のように「大きな音だね」と周囲に漏らしたらしいのだ。

これにはオチがある。20万人デモを受けて朝日新聞は野田を皮肉る社説を掲載したのだ。見出しはずばり「反原発デモ、音ではなく声をきけ」。同紙は数週間前まで官邸前デモを無視していたというのに……。

デモ隊は非権力側にあり、権力側にとって不都合な存在だから、記者クラブメディアは最初のうち官邸前デモを無視していたのだろうか。

「ウォール街を占拠せよ」デモは連日トップニュース

私自身も四半世紀に及ぶ新聞記者時代にデモを取材したことは一度もなかった。ただしアメリカ留学中は違った。コロンビアJスクールでは毎週月曜日に指導教官から取材テーマを与えられ、記者会見や刑事裁判に加えて当たり前のようにデモの取材もさせられたのである。日々の報道を見ても、アメリカでは権力側の動きと同じようにデモの取材が重要視されているのがよく分かる。最近では2020年に広がった「ブラック・ライブズ・マター（BLM＝黒人の命は大切だ）」運動が代表例だろう。アメリカ中で大規模デモが続発し、マスコミはこぞってデモの様子を大々的に報じていた。

個人的には、2008年のリーマンショックの反動で起きたデモ「ウォール街を占拠せよ」が興味深かった。当時アメリカに住み、新聞やテレビを通じてリアルタイムでデモの動向を追っていたからだ。

2011年9月中旬にニューヨーク・ズコッティ公園でデモが始まると、主要メディアは連日のようにトップニュースとしてデモの様子を伝えていた。特に頑張っていたのが、ウォール街のあるニューヨークを本拠地にするニューヨーク・タイムズだ（幸いにも私が住んでいたカリフォルニアでも同紙の宅配契約が可能だった）。

デモ開始から1カ月間の同紙紙面を点検してみたところ、オンライン版や論説も含めると160本以上の記事が掲載されていることが分かった。デモ開始から2週間後の10月1日付の紙面では、1面ニュースとして「ウォール街占拠者たち、いつまでも抗議は続く」という見出しのフィーチャー記事が載っている。

記事の書き出しは次のようになっている。

〈ヒーローという名前の人がいる。ジャームという名前の人がいる。点心料理屋のウエートレス、居酒屋の店員、グーグルのコンサルタント、サーカスの曲芸人、ブルックリンのベビーシッター――。「ウォール街を占拠せよ」として知られる抗議デモを繰り広げる人たちの顔ぶれは種種雑多。そこには選ばれたリーダーはいない〉

ここからも分かるように、記事の主役はあくまでデモ参加者であり、非権力側にある。記者は数十人に上るデモ参加者にインタビューし、個々の参加者の横顔を生き生きと描いていた。仮名や匿名を一切使わずに、全員実名で。徹底した市民目線といえる。

マスコミがきちんと報じているからだろうか、政治家もデモについて積極的に発言している。大統領のバラク・オバマは同年10月6日の記者会見で「デモはアメリカ国民が感じている不満を代弁している」と発言すると、3日後には下院議長のナンシー・ペロシがテレビ番組で「デモは権力に対するメッセージ。私は支持します」と宣言した。

大規模なデモが起きても大手メディアがスルーし、首相が他人事のように「大きな音だね」と言うのと天と地ほどの違いがある。

リトマス試験紙はサミット報道

記者クラブ的な報道が行き過ぎると、報道内容は政府のＰＲのようになる。ジョージ・オーウェルが指摘したように、権力が報じてほしくないと思うことを報じるのがジャーナリズムであり、それ以外はすべてPRなのである。

記者クラブ的な権力迎合型報道が染み付いているかどうか、どのようにして判定すればいいのか。手軽に調べる方法が一つある。世界の主要国トップが一堂に会するサミット（先進国首脳会議）をリトマス試験紙として使えばいいのだ。サミットは「究極の権力」であるうえ、報道内容の国際比較も可能だ。

ここで一つ簡単な質問を投げ掛けてみたい。あなたが新聞の編集責任者としてサミット取材を指揮するとき、1面に使うサミット関連写真をどう選ぶだろうか。

状況はこうだ。厳重な警備が敷かれるなか、世界20カ国・地域（G20）のサミットが開かれ、各国首脳は世界経済について議論している。一方、会議場周辺の様子はまったく異なる。反グローバル化や反資本主義、貧困撲滅などをスローガンに掲げる非政府組織（NGO）がデモ行進している。

G20首脳は「サミットが成功している」との印象を与えたい一方で、NGOは「サミットは間違っている」と訴えたい――こんな図式が成り立つといえよう。

さて、勢ぞろいした首脳が仲よくほほ笑んでいる写真か、それともデモ隊と警察が対峙している写真か、どちらを使うべきか。どちらの写真を使うかで、ジャーナリストとしての根源的な価値観を問われる。

結論から先に言えば、G20首脳の写真を使えば権力寄り、NGOの写真を使えば非権力、つまり市民寄りだ。

抗議デモの写真をでかでかと1面に載せる米主要紙

実験台として最適のサミットがある。２００９年9月24～25日に米ピッツバーグで開かれたG20サミットだ。

なぜなら、サミット会場周辺で近年まれに見る大規模デモが行われたからだ。前年のリーマンショックを受けて反資本主義や反大企業感情が高まり、いわば「首相官邸前デモの国際版」が出現したのである。

ピッツバーグにはサミット開催数日前から、世界中のNGO活動家が続々と集結。公式サミットとは別にNGO版サミット「ピープルズ・サミット（人民サミット）」を開催するなど、サミットが象徴する「金持ちクラブ」への抵抗運動を盛り上げていた。サミット期間中にデモも活発になり、参加者はさらに膨れ上がった。

これを破格の扱いで報じたのがアメリカの主要紙だった。サミットが閉幕した翌日の9月25日付の紙面を見てみよう。ニューヨーク・タイムズ、ワシントン・ポスト、ロサンゼルス・タイムズといった有力紙が足並みをそろえ、1面にでかでかと抗議デモの写真を掲載したのである。

ニューヨーク・タイムズとロサンゼルス・タイムズの1面はとりわけ目立った。題字のすぐ下、つまり一番目立つ位置に抗議デモの写真が載っていたからだ。全6段のうち4段ぶち抜きで、新書がすっぽり収まるほどの大きさだった（アメリカの新聞では記事は上から下に流れ、全6列ある。日本の新聞用語を使えば全6段）。

1面で「隊列を組む警察隊」の写真を載せたニューヨーク・タイムズは、国際面でもサミット報道を展開。国際面では「警察から催涙ガスを投げ付けられるデモ隊」と「ガラス窓が割られる商店街」の写真2点を使った。国際面の「催涙ガス」の写真は1面の「警察隊」の写真よりも大きかった。

大統領のオバマも含め、ピッツバーグに集合したG20首脳の写真はどこに載ったのか。一面にも国際面にもどこにもなかった。サミット閉幕は、G20首脳が一緒にカメラの前でほほ笑む記念写真を使う絶好のタイミングであるのに、同紙は無視したのである。

日本の主要紙はG20首脳の記念写真を使う

日本の主要紙はニューヨーク・タイムズと正反対の紙面を作った。まるで申し合わせたように抗議デモを無視したのである。1面はもちろんのこと、一部を除いて中面にも抗議デモの写真を掲載しなかった。代わりに何を使ったのかというと、G20首脳の記念写真である。

サミット閉幕を報じた主要紙の9月26日付夕刊1面を見てみよう。朝日は「記念撮影後の鳩山由紀夫首相と李明博韓国大統領」、読売新聞と日経新聞は同じ「記念写真に納まる各国首脳」の写真を載せた。

記念撮影では、G20首脳が仲よく写真に納まっている。当たり障りのない内容であり、これを見た読者は「世界はなんと平和なのだろう」と思うだろう。このような写真はG20の現実を浮き彫りにする報道写真というよりも、G20当局が実質的に用意した「プレスリリース写真」である。

毎日新聞の1面は一味違った。写真は「首脳」であるものの、「地元ピッツバーグのパイレーツとドジャースとの大リーグ戦の始球式に臨む鳩山由紀夫首相」だった。記事中には同首相の「正直に直球でいきたい」とのコメントが紹介されていた。G20首脳の記念写真は中面にあった。

G20の現実を的確に伝えているのは「警察隊とデモ隊が対峙する物々しい写真」か。それとも「笑顔で記念撮影に納まるG20首脳の写真」や「鳩山首相が大リーグ戦の始球式に臨む写真」か。日本の新聞しか読まない日本人は、G20の置かれた現状についてアメリカ人とはまったく違う印象を抱いたことだろう。

サミットへ持ち込まれる記者クラブ

アメリカの新聞と比べると日本の新聞が政府広報紙のような紙面になるのは、記者クラブの延長線上で取材しているからである。首相官邸記者クラブ詰めの記者が官邸前の大規模デモを無視したように。

主要7カ国（G7）サミットも含め、サミットは日本の主要メディアにとって一貫して一大イベントだった。「究極の権力」であるからにほかならない。それだけに、開催されれば必ず1面トップ級のニュースとして報じられてきた。

通常、サミットが開かれると、開催場所の国際会議場内に即席の「サミット記者クラブ」が誕生する。日本メディア用に会見場所のほか記者室も設けられ、そこに記者が缶詰め状態になって働く。中心となる記者は、日本の本家記者クラブに所属する経済部記者や政治部記者だ。海外で開かれるサミットであれば、首相や大臣らと行動を共にする同行記者として海外出張する。

ここでのポイントは「缶詰め状態」だ。記者は記者室と会見場所を頻繁に行き来し、情報収集する。日本政府から大量に資料を配布される一方で、ひっきりなしにブリーフィングを受ける。首相会見なども処理する。これだけで手いっぱいになり、「サミット記者クラブ」からほとんど外へ出ない。

要するに、日本政府の公式説明だけに頼って記事を書く発表報道の縮図がそこにある。

私も新聞記者時代に何度かサミットを取材したことがある。例えば1989年にフランス・パリで開かれたG7サミット。日本政府による記者会見やブリーフィング、配布資料の処理だけで朝から晩まで「サミット記者クラブ」内に缶詰めになり、大忙しだった。会議場の外に出たのは食事のときだけだった。

会議場の外に出て独自取材するのは論外だった。実質的に「会見やブリーフィングをカバーし、原稿を書く」が社命だったからだ。同じ「サミット記者クラブ」内に属する通信社の記者が会見やブリーフィングに基づいた原稿を書いているというのに、それを使わずに同じような原稿を朝から晩まで書き続けるのである。

「サミット記者クラブ」内では「共通ネタは通信社に任せ、独自ネタの掘り起こしに注力せよ」という発想は当時なかったし、今もないだろう。権力側（G20首脳）の取材こそ最重要であり、非権力側（NGO）の取材は無視してもいいのだ。それを象徴しているのが写真の使い方だ。

第11章　官報複合体支える記者クラブ

ないか。

100年前から「チョウチン記者」

デモ取材の軽視が象徴するように、マスコミは権力側にとって不都合な非権力側の動きを無視しがちだ。内部告発者を冷遇したり、推定有罪報道に傾斜したりするのと何やら似ていないか。

根っこにあるのが記者クラブ制度であり、官報複合体の要である。基本的な構図は100年前と変わっていない。

メディア史に詳しい歴史学者の山本武利（やまもとたけとし）は過去の記録を調べ、第2次桂（かつら）内閣（1908〜11年）時代に政府主導で大規模な記者クラブネットワークが生まれたと結論している。記者クラブは1910年ごろから役所や政党、大企業などへ急速に普及し始めている。山本は著書『新聞記者の誕生　日本のメディアをつくった人びと』（新曜社）の中で「今やチョウチン記者を『御招待』するのは企業ばかりでなくあらゆる方面に拡大してきた。それを最も大規模かつシステマチックに展開したのが政府であった」と指摘（「チョウチン記者」とは権力の御用記者のこと）。そのうえで、次のように描写している。

〈記者たちは自宅からクラブへ直行し、そこで暇な時はお茶を飲んで仲間と談笑したり、将棋や碁を打ったりする。役所幹部による記者会見はほぼ定時におこなわれるので、そこにたむろしていれば特種を落とすことはまずない。記者は発表をそのまま、時には若干のチョウチン的な加筆を行って、夕方、社に持ち帰り、デスクに渡す。（中略）記者クラブの所属記者にチョウチン持ちをおこなわせるために、どの役所や企業もかれらへのサービスにはおさおさ怠りないのだ。それが部屋や給仕の無料提供だけではないのは当然である。（中略）大臣や局長以下の幹部が記者を年数回無料で接待し、供応を中心に、時には金までも与えていたことがわかる。こうしてクラブの所属記者はその役所の忠実なスポークスマンになり変わる〉

これを読むと、金銭の供与を除くと当時と現在で記者クラブの置かれた状況は似ていることが分かる。2010年には元官房長官の野中広務（のなかひろむ）が「官房機密費の一部がマスコミ工作に使われていた」と暴露している。これが事実とすれば、金銭の供与の面でも100年前とあまり変わっていないということになる。

アメリカ人が見た夜討ち・朝駆け

記者クラブを特徴付ける慣行には夜討ち・朝駆けもある。夜中と早朝に記者クラブの所属記者が取材先の自宅を訪問し、太いパイプを築くことで、〝極秘情報〟をリークしてもらうのだ。

夜討ち・朝駆けはアメリカ人ジャーナリストの目に奇異に映るようだ。日本での取材経験もあるマイケル・ジーレンジガーの体験談を紹介しておこう。以下、彼の著書『シャッティング・アウト・ザ・サン』（Nan A. Talese）からの引用だ（邦訳は『ひきこもりの国』〈光文社〉だが、ここでは原書を利用。筆者訳）。

〈日本人ジャーナリストは政治家や官僚ら権力者と信じられないほど親密な関係を築く。新任大臣の担当になると、出勤前の早朝に大臣宅へ出向き、「今度担当になりました」とあいさつする。深夜も大臣宅で待ち構え、宴会を終えて帰って来た新任大臣に向かって「お疲れさまです」と声を掛ける。

「ナイトアタック（夜討ち）」と呼ばれる儀式もある。深夜、権力者がお気に入りの記者を自宅の居間へ呼び込み、ビールを片手にオフレコ懇談する。ある夜、私は当時の内閣官房長官、野中広務の議員宿舎を訪ねた。すると、玄関に20足以上の靴があるのを発見した。

居間で大勢の記者がぎゅうぎゅう詰めになり、勝手に冷蔵庫へ行って冷えたビールを取ってくる記者もいた。

夜のオフレコ懇談の内容が翌日の紙面に出ることはめったにない。それでも構わないのだ。記者にしてみれば取材対象と親密になり、ゆくゆくは個人的な相談相手か腹心になれればいいからだ。取材先と一定の距離を保って冷徹に分析するジャーナリストになろうという発想はない。

こんな状況下では、権力者の利益よりも一般国民の利益を優先する「権力のチェック役」に記者はなかなかなれない〉

第3章で触れた「風呂場の番記者」を思い出してほしい。河野太郎が語った父・河野洋平と担当番記者の関係と見事に一致していないだろうか。

業界団体である日本新聞協会の見解はこうだ。

〈記者クラブは、言論・報道の自由を求め日本の報道界が一世紀以上かけて培ってきた組織・制度なのです。国民の「知る権利」と密接にかかわる記者クラブの目的は、現代においても変わりはありません〉

つまり、記者クラブは1世紀以上かけて権力をチェックし、国民の「知る権利」に応えてきたというわけだ。山本やジーレンジガーが描く記者クラブの姿とは正反対の見方をしている。

森友学園問題を追い掛けたNHK記者の朝駆け

誤解のないように一つはっきりさせておきたい。回避するべきなのは権力側との密着・癒着を招く夜討ち・朝駆けであって、権力側へのチェックを狙いにした夜討ち・朝駆けではないということだ。

お手本を一つ紹介したい。森友学園問題を追い掛け、NHKを追われた相澤冬樹(あいざわふゆき)の夜討ち・朝駆けだ。

森友学園問題をめぐって2018年に「財務省公文書改ざん疑惑」が表面化すると、相澤は「財務省が森友学園側に口裏合わせを求めた」という衝撃的情報を得た。そこで口裏合わせのウラ取りをしなければならなくなった。

口裏合わせをした当事者に「口裏合わせをしましたね?」と問い、認めさせるのはとんでもなくハードルが高い。相澤は自著『安部官邸 vs. NHK』(文藝春秋)の中で取材プロセスを振り返っている。当事者である「Z」のプロフィールを徹底的に調べたうえで、朝駆けを実行したのである。

〈「おはようございます。NHKの記者の相澤と申します。Zさんですね」

彼は足を止めずにこちらを振り返って、表情を変えずに言った。

「記者さんですか。私は何も話しませんよ」

(中略)

「そうでしょうね。お立場はわかります。ですから私はZさんに何かを話していただこうとは思いません。私がしゃべりますから、少し話にお付き合いください」〉

その後、相澤はZに口裏合わせの事実を認めさせることに成功している。同じ夜討ち・朝駆けでも、ここからはジーレンジガーが見た夜討ち・朝駆けとはまったく異なる景色が見える。

週刊文春が記者クラブに加盟したら……

日本でも記者クラブ制度に風穴を開けようとする動きが出ている。2011年になって、記者クラブから排除されてきたフリーランスの記者らで運営する「自由報道協会」が立ち上がった。同協会の設立趣意書には「世界でも類を見ない記者クラブシステムは、もはや制度疲労を来している」と書いてある。

確かに記者クラブの排他性は問題である。しかし最大の問題は別のところにある。記者は記者クラブ内に缶詰め状態になり――夜討ち・朝駆けも含め――権力側が発信する情報を洪水のように日々浴び続けている。ここにこそジャーナリズムを危機に陥れる根本原因がある。

個々の記者が「権力とは癒着しない」「必要ならば権力を批判する」と思っていても、朝から晩まで権力側を密着取材していたら、いつの間にか〝洗脳〟されてしまってもおかしくない。

記者クラブがフリーランスや外国メディアに全面開放されたとしても、「権力側の情報洪水」という状況が変わらない限り根本問題は解決しない。例えば、記者クラブに所属せずに「文春砲」で権力に挑む週刊文春。同誌記者が記者クラブ詰めになったら、文春砲の威力も衰えてしまうだろう。

繰り返しになるが、記者クラブは権力の中枢に集中的に配置されている。そのため、記者クラブメディアが発信する情報には偏りが出てくる。

言い方を変えてみよう。日本には消費者記者クラブや労働者記者クラブはないし、性的マイノリティー記者クラブや失業者記者クラブもない。つまり、弱者である非権力側が発信する情報が大手メディアに日常的に流れる仕組みがないのである。

私は福岡でも東京でも公立学校のＰＴＡ会長を経験したことがある。そこから見える世界には教師による生徒への性的虐待をはじめさまざまな問題が山積している。にもかかわらず、多くの問題が大手メディアでスルーされている。

理由ははっきりしている。公立学校やＰＴＡ、教育委員会を日常的に取材する記者が存在しないからである。記者クラブ取材に慣れている記者にしてみたら「子どもや保護者を取材してもニュースにならない」といった発想になりがちなのだ。

アメリカにもあった記者クラブ

実は、半世紀以上前のアメリカにも限定的ながらも記者クラブはあった。自動車産業の一大集結地デトロイトの自動車記者クラブ、通称「オフレコクラブ」だ。日本の記者クラブと違い、業界団体の建物の中に物理的に存在していたわけではない。同種の組織が主要官庁や大企業に網の目のように組み込まれていたわけでもない。それでも、オフレコクラブの実態は日本の記者クラブとほとんど同じだった。

20世紀は「アメリカの世紀」であり、「自動車の世紀」でもある。第2次大戦直後の半世紀前はアメリカ自動車産業の絶頂期であり、ゼネラル・モーターズ（GM）は世界最大・最強企業として君臨していた。大手新聞・通信社にとっても、デトロイトはワシントンやニューヨークと並ぶ花形支局だった。

オフレコクラブはとっくの昔に解体されている。国民の「知る権利」を守るどころか、逆に「知る権利」を損ねていると見なされたからだ。

デトロイト報道界の談合体質に反旗を翻したのは、経済紙ウォールストリート・ジャーナル（WSJ）だ。1950年代前半、地元報道界の決まり事を無視して独自の報道を展開したことで、同紙は実質的な「出入り禁止」処分にされ、大口自動車広告もキャンセルされた。しかし、同紙が一流の経済紙へ躍進するきっかけにもなったのである。

オフレコクラブをめぐる騒動については、エドワード・シャーフ著『ワールドリー・パワー』（Beaufort Books）のほか、リチャード・トーフェル著『レストレス・ジーニャス』（St Martin's Pr）に書かれている。

シャーフは有力誌タイム出身である一方、トーフェルはWSJ編集副主幹経験者として内部から同紙の歴史を知る立場にある。2人とも「WSJ中興の祖」バーニー・キルゴアに焦点を合わせながら、同紙が一流紙へ脱皮する経緯を描いている。

以下、シャーフ本とトーフェル本を基にしてWSJ小史を紹介したい。日本の記者クラブ問題を語るうえでWSJ小史は貴重な判断材料を提供してくれるからだ。

「黒板協定」破りで名声を高めたゴシップ紙

オフレコクラブは、大手メディア各社のデトロイト支局記者と自動車メーカーの経営幹部が定期的に意見交換する懇談会のことだ。

幹事は大手通信社APの古参記者。名称が示している通り、記者は「オフレコ（記録なし）」に縛られ、どんなに面白い話を聞いても実際の発表まで何も書けなかった。それをいいことにメーカー側は「書いてほしくないニュース」を圧殺し、「書いてほしいニュース」をプレーアップしていた。

現在の基準から考えると、デトロイト報道界と自動車業界は信じられないほど癒着していた。記者1人に対して少なくとも1人の割合で広報担当者があてがわれ、至れり尽くせりだった。記者は華麗なデトロイト社交界へ迎え入れられ、ビッグスリーの幹部と同等という気分にさせられた。遠慮なく頼めば何でももらえ、クリスマス時にはゴルフクラブや車をプレゼントされることもあった。

そんななか、WSJのデトロイト支局長が交代した。新支局長は20代半ばで新婚早々のジョン・ウィリアムズ。本社から「オフレコ取材を受け付けるな」という特命を受けていた。言い換えると、オフレコクラブを脱会する役割を担わされていたのだ。

なぜなのか。1940年代以降、同紙は「ウォール街のゴシップ紙」から「一流の全国紙」への脱皮を目指して斬新な紙面改革を進めていた。改革の推進役が同紙編集主幹、親会社社長、親会社会長を歴任したキルゴアだ。「よいしょ記事」しか送ってこないデトロイト支局の体制はキルゴア改革にそぐわなかった。

ＡＰ支局の古参記者はオフレコクラブの幹事としてウィリアムズに接触し、クラブに入会するよう誘った。しかし丁重に断られた。それでも「デトロイト報道界には重要な決まり事があるのを忘れないように。メーカーが発表する前に新モデルについて書かないということ」と念を押した。

メーカー側の事情を考えれば当然だった。発表前に新モデルが公にされると、旧モデルが売れなくなってしまう。大幅なモデルチェンジが予定されている場合はなおさらだ。メーカー側としては、旧モデルの在庫を一掃するのを待って新モデルを発表したい。そのためにはモデルチェンジの内容はもちろん、発表タイミングも秘密にする必要がある。

どうすれば秘密を守れるのか。メーカー側はオフレコクラブに頼るのである。新モデル発表がずっと先の話であっても、できるだけ早い段階で所属記者を招いて詳しくブリーフィングする。オフレコベースだから記者に「縛り」を掛けられる。オフレコ厳守の見返りに記者にはゴルフクラブや車などの現物で報いるわけだ。

キルゴアは週刊誌タイムの取材に応じ、「デトロイト報道界では何年にもわたって、ほとんどすべての情報がオフレコ扱いだった。そんなのはジャーナリズムとは言えない。だからオフレコクラブ脱会を決めた」と語っている。「ジャーナリズムとは言えない」とは、「国民の『知る権利』には応えられない」と同義と見なせるだろう。

巨大広告主のGMが激怒、広告出稿全面ストップ

ＷＳＪ史に残るデトロイト発記事が掲載されたのは１９５４年5月28日のことだ。同日付の紙面上で、ウィリアムズは同年秋に発売予定の１９５５年型モデルの詳細をすっぱ抜き、「55年型モデルのデザインは一新される。半世紀に及ぶ自動車業界史上、これほど大幅なデザイン変更は初めて」と書いた。新モデルの完成予想図まで載せた。

いわゆる「黒板協定」を破ったのと同じだった。日本の記者クラブでは、役所や業界など「取材される側」が今後の発表予定をクラブ内の黒板に書き出す。いったん黒板に書き出せば、発表前にニュースを書かれる心配はなくなる。マスコミ業界で「エンバーゴ（解禁条件付き発表）」と呼ばれる慣行と似ている。抜け駆けしてニュースを書いた記者は、クラブの規定に従って除名や出入り禁止などの処分を受けかねない。

ウィリアムズはオフレコクラブに入会していなかったから、公式に処分されることはなかった。それでも嫌がらせを受け、実質的に出入り禁止にされた。自動車市場で50％のシェアを握るＧＭの広報室に電話をかけても、誰からも折り返しの電話をもらえなくなった。それどころか、毎週金曜日にＧＭが発表する週間生産台数などの情報も得られなくなった。

同業他社からも除け者にされた。ＡＰのデトロイト支局に連絡を入れてＧＭの週間生産台数を教えてもらおうとすると、冷たく対応された。ＷＳＪはＡＰに加盟料を払って記事の配信を受ける立場にあったのに、である。週間生産台数などの数字を握る自動車業界誌「ウォ

ーズ・オートモティブ・リポート」も読めなかった。一方的に購読契約を解除されていたのだ。

週刊誌ニューズウィークはウィリアムズに手厳しく、次のように論評した。

〈デトロイト報道界は今回の騒ぎを複雑な思いで見ている。ウィリアムズはちょっとやり過ぎたのではないか。業界のカクテルパーティーに出席中、取材ノートを出してメモを取り始めることもあった。

そもそも、新モデルをすっぱ抜いたからといって、ウィリアムズが記者として優秀というわけでもない。なぜなら、「協定」を破るつもりであれば、誰にでもすっぱ抜きはできるのだから〉

GMは情報面に加えて資金面でもWSJに圧力をかけた。広告代理店5社経由で同紙への広告出稿を全面ストップしたのだ。当時、アメリカ全国の新聞広告のうち自動車は5分の1以上を占めており、その中でも最大手GMの広告は突出していた。

キルゴアは後日、同紙論説面を使って圧力に屈しない姿勢を鮮明にした。

〈新聞は情報を読者に届けるためだけに存在する。ほかに理由はない。今何が起きているのかについて真実を明らかにし、読者にきちんと伝える——ここにしか新聞の価値はないのである。

広告主などからの圧力で伝えるべきニュースを伝えなくなったら、新聞は無用の長物になる。広告主も含め誰にとっても。読者を失ってしまうからだ〉

記者クラブは国民の「知る権利」を損ねる

GMによる広告ストップや情報提供拒否は1週間以上にわたって公にならなかった。GMは何も発表しなかったし、WSJは何も報道しなかったからだ。大騒ぎになったのは、広告専門誌アドバタイジング・エイジがGMによる広告ストップをスクープしたためだ。それを受け、ニューヨーク・タイムズは「WSJをブラックリストに載せるGM」と報じた。

WSJは当事者であることからニュース面で追い掛けるわけにはいかなかった。代わりに、同年6月21日付の論説面でニューヨーク・タイムズの記事をそのまま転載した。その理由について、「われわれ自身が事件の当事者になってしまったので、読者の皆さんには独立した第三者の報道を読んでもらうべきだと判断しました」と説明した。

GM対WSJの結末は？　WSJの圧勝だった。

デトロイトでは自動車業界からも同業他社からも目の敵にされたWSJ。ところが、デトロイト以外では「アメリカ最強の広告主に敢然と立ち向かう新聞」として逆に名声を高めたのである。2カ月後にはGMも広告ボイコットを取り下げざるを得なくなった。

トヨタ自動車が広告の全面ストップという脅しをかけたら、日本の新聞社はどう対応するだろうか。

取材面でも出入り禁止効果は限定的だった。確かにＷＳＪにはデトロイト支局からニュースがなかなか入ってこなくなった。だが、同紙は全国に取材ネットワークを築いており、同支局に頼らなくても自動車業界の情報を収集できた。自動車ニュースについては「よいしょ記事」が減ったことでむしろ紙面の質が高まった。

目先の巨額広告料と長期的な名声を比べれば、新聞社にとっては明らかに後者が重要だ。それを証明しているのがＷＳＪだ。記者クラブ的な談合体質と決別したことで、一流紙としての地位を確立したのである（ただし、２００７年に親会社がメディア王ルパート・マードックに買収され、報道の質低下が懸念されるようになった）。

日本新聞協会が言うように、記者クラブは国民の「知る権利」を守るのか。ＷＳＪ小史を教訓とすれば、逆に国民の「知る権利」を損ねるのではないか。日本でも記者クラブ脱退を宣言する新聞社が現れれば、日本新聞協会の見解が正しいかどうか検証できるのだが……。

第12章　オフレコ記者懇談の罠

「放射能発言」で大臣が辞任

記者クラブの重要な機能の一つには「オフレコ懇談」もある。取材対象者とのざっくばらんな意見交換の場として歴史的に多用されてきた。

オフレコは「オフ・ザ・レコード（記録なし）」の略であり、「オン・ザ・レコード（記録あり）」を意味するオンレコの対義語だ。一般的には「オフレコ破り」の文脈で話題になることが多い。2011年の東日本大震災後に起きた事例を振り返ってみよう。

時は同年9月8日夜、場所は衆議院議員赤坂宿舎。経産大臣の鉢呂吉雄（はちろよしお）は福島原発事故現場への視察を終えて帰宅すると、7～8人の記者に取り囲まれた。ここから即席のオフレコ懇談が始まった。

2日後の同月10日、鉢呂は「放射能発言」の責任を取って辞任した。「あまりにも無神経な発言をした」と批判を浴びたからだ。

どんな発言だったのか。

〈「放射能をつけちゃうぞ」〉（朝日新聞）
〈「ほら、放射能」〉（読売新聞）
〈「放射能をつけてやろうか」〉（日経新聞）
〈「放射能をうつしてやる」〉（共同通信）

〈「放射能を分けてやるよ」〉（フジテレビ）

各社によってまちまちだった。どれが本当の発言だったのか、皆目見当もつけられない。仮に記者の一人がＩＣレコーダーで発言を録音しており、その内容を正確に報じているとしよう。その場合、残りの記者は発言をねつ造したということになる。

「事実を正確に伝える」を使命にするメディアにとって「コメントを正確に引用する」のは当然である。しかし、「放射能発言」をめぐる報道によって、メディアがコメントをいい加減に引用している実態が示された。

ほかにも見逃せない問題があった。現場に記者を派遣していなかったメディアも同じように「放射能発言」を報道していたのだ。情報の出所を示さずに「～ということが分かった」という形で。ライバル会社の報道を無断でコピペしたのだろうか……。

何が本当なのかはっきりしない発言の責任を取る形で大臣が辞任したのであれば、メディアの責任は大きい。鉢呂本人は「『うつしてやる』とか『分けてやるよ』と言った記憶は本当にない」と公言している。

オフレコの定義は大ざっぱ

なぜこんな報道がまかり通るのか。記者が発言内容をメモしていないし、録音もしていなかったからだ。報道機関として基本中の基本である「ニュースの正確性」をまったく担保できていなかったのだ。

「放射能発言」は鉢呂への夜回り取材（夜討ち）で出てきた。夜回り取材は通常、非公式のオフレコ懇談という形式になる。オフレコを厳密に解釈すれば、聞いた話は一切書いてはならない「完全オフレコ」だ。得た情報は記者個人の知識として使えるだけだ。

建前がオフレコである以上、記者は懇談の場でメモ帳やＩＣレコーダーを使えない。結果として、いざ発言内容を報じる段階になると、あやふやな記憶に頼らざるを得なくなる。そんな背景を考えると、発言内容が「放射能をうつしてやる」や「ほら、放射能」になるなどメディアによってばらばらなのもうなずける。

そもそもオフレコ取材なのに記者が勝手にオンレコへ切り替えるとはどういうことなのか。オフレコを暗黙の了解としていたはずではないのか。

現実にはオフレコについては記者側に「名前を引用しなければいい」というくらいの認識しかない。実際、オフレコ懇談の内容が新聞紙面上に出てくることは日常茶飯事だ。その場合、発言者は「政府高官」「財務省幹部」などと匿名になっている。「放射能発言」のケースでも分かるように、発言内容が明らかになるばかりか発言者まで特定されてしまうことも珍しくない。そのうえ、どこかのメディアがオフレコ破りに走ると、他メディアが特オチを恐れて一斉に追い掛けるため、大ニュースになりやすい。

メモ・録音なしのうえに飲酒する記者

「放射能発言」から数カ月後の11月29日には再びオフレコ破りが起きた。今度は酒席でのオフレコ懇談であり、失言の責任を取らされて主要官庁の幹部が停職処分を受けている。

失言は前日の夜、那覇市内の居酒屋で飛び出した。沖縄防衛局長の田中聡（たなかさとし）がマスコミ10社前後に声を掛け、オフレコ懇談を開催。酒を飲みながら腹を割って意見交換しようと考えたのだ。

オフレコ破りに踏み切ったのは地元の琉球新報だった。懇談会で話題になったのは、米軍普天間飛行場の代替施設建設に絡んだ環境影響評価（アセスメント）。政府が評価書の提出時期を明示しない理由を問われ、田中は「これから犯す前に犯しますよと言いますか」という趣旨の発言をしたというのだ。

女性への性的暴行にたとえた「不適切発言」であり、波紋を呼んだ。琉球新報によるオフレコ破りで発言内容が明らかになると、田中は東京へ呼び出され、直ちに更迭された（後に停職40日の懲戒処分を受けた）。

しかし、ここでも「放射能発言」と同じ問題が浮上した。発言内容について発言者本人とマスコミ側で食い違いが出たのだ。田中は防衛省の事情聴取に応じ、次のように回答している。

〈自分としては、ここで言った「やる」とは評価書を提出することを言ったつもりであり、少なくとも、「犯す」というような言葉を使った記憶はない〉

オフレコが建前であるから記者はメモやICレコーダーを使えず、記憶に頼るしかなかった。しかも飲酒していた。いつも以上に記憶があいまいになっていたはずである。

飲酒以外にも問題があった。懇談場所が居酒屋であったため、発言者の声が記者全員にきちんと届かないのだ。居酒屋の中がざわざわしていたり、一部の記者が発言者から離れていたりするからだ。

実際、懇談会に参加していた朝日那覇総局長・谷津憲郎(やつのりお)は「不適切発言」を聞き逃している。同紙のコラムで「なんとも間抜けだが、私は例の発言を聞いていない」と書いている。1時間遅れで居酒屋に着いたうえ、発言者とは別のテーブルに座ったためだ。

一般論として言えば間抜けでも何でもない。居酒屋で10人前後が1人の発言者を取り囲んでいたのである。発言内容が全員に届かないのはむしろ自然だ。

要するに、「不適切発言」をめぐる報道では、「ニュースの正確性」を損なう要素が三つもそろっていたわけだ。懇談に参加した記者が、①飲酒していた、②メモも録音もしていなかった、③必ずしも全員が発言者の近くに座っていたわけではなかった――である。

そもそも報道を前提としていないオフレコ懇談であったのだから、記者が正確に報道できないのは当然だった。「不適切発言」を報じた記者が酔っていたのかどうかは分からない。

仮に酔っていたとすれば、「飲酒運転でもおとがめなし」といったところか。

オフレコ懇談に意義を見いだす日本新聞協会

内容が本当かどうかも定かでない発言がマスコミに出て、大臣が辞任したり官僚が停職処分になったりするのは問題だ。すべてはオフレコ懇談という形式が災いしている。

ならばオフレコ懇談をやめればいいのではないか。オフレコ懇談を正式なブリーフィングに切り替えて、記者に対してはメモやICレコーダーの利用を義務付けるのだ。もちろん飲酒も禁止にする。これでこそ「ニュースの正確性」を担保できる。

だが、マスコミはオフレコ懇談に意義を見いだしている。日本新聞協会は1996年にオフレコ懇談について、「オフレコ取材は真実や事実の深層、実態に迫り、その背景を正確に把握するための有効な手法で、結果として国民の知る権利にこたえうる重要な手段である」との見解を示している。

本当なのか。少なくともアメリカの報道界の基準ではオフレコ懇談に関する考え方は百八十度異なる。オフレコ懇談は「知る権利」に応えるどころか「知る権利」を阻害する慣行、と見なされている。

それを如実に示しているのが米大手通信社APの記者行動ガイドラインだ。匿名の当局者によるバックグラウンドブリーフィング（背景説明）を安易に受け入れないよう警告している。

〈取材対象者が大勢の記者を集めてバックグラウンドブリーフィングを行おうとしたら、どう対応したらいいのか。APの記者は強く反対し、オンレコへ切り替えるよう主張すべきである。バックグラウンドブリーフィングはさまざまなルートで日常的に行われている。特に注意しなければならないのは取材対象者が政府高官である場合だ〉

ＡＰはバックグラウンドブリーフィングについて「発言内容は報じてもいいが、発言者が特定されないよう名前は伏せるという条件下での説明会」と定義している。つまり、用語は違っても、日本のオフレコ懇談と実質的に同じである（メモ帳・ＩＣレコーダーの利用が可能で、飲酒を伴わない点で異なる）。

ＡＰがバックグラウンドブリーフィングを警戒する理由ははっきりしている。権力側が匿名性の陰に隠れてマスコミを丸め込み、世論を都合の良い方向へ誘導しようとするからだ。匿名の捜査官がマスコミへのリークを通じて推定有罪報道を演出するのと基本的な問題点は同じだ。

取材源秘匿の原則は権力者に適用されるべきなのか

オフレコ破りが起きると必ず出てくる議論には取材源の秘匿もある。ここでも議論がゆがんでおり、「取材源＝内部告発者」ではなく「取材源＝権力者」という図式になりがちだ。

２００９年３月に時計の針を戻してみよう。首相官邸内で官房副長官の漆間巌を囲むオフレコ懇談が開かれたのだ。

当時、西松建設の違法献金事件で自民党へ捜査が及ぶかどうか、大きな関心事になっていた。漆間は懇談中に「（捜査当局は自民党側を）立件できない」と発言。すると発言内容がマスコミ各社によって報じられたばかりか、途中から発言者も特定された。匿名報道から実名報道へ切り替わったわけだ。

漆間発言を受けて筆を執ったのが産経新聞の常務取締役編集担当・斎藤勉。「取材源、安易に暴露していいのか」と題した論説を書き、オフレコ破りを批判しつつオフレコ懇談の意義を強調している。

〈現場の政治記者にとっては国民の「知る権利」に応えるべく、建前論に流れがちな記者会見から一歩も二歩も踏み込み、政局の真相の一端に迫るため長年かけて編み出した取材の知恵といってよい。（中略）せっかく積み上げてきた「取材現場の知恵」が傷ついたことで、政府各機関の記者懇にも負の影響が出ることが懸念される〉

オフレコ破りで権力側の怒りを買ったら、記者は居酒屋でディープな情報をリークしてもらえなくなる——このように言いたかったのだろうか。

第３章で取り上げた「賭けマージャン」を思い出してほしい。産経は取材源秘匿の原則を理由にして検察ナンバー2の黒川弘務を匿名にした。明らかに「賭けマージャン＝オフレコ懇談」と捉えていたわけだ。スキャンダルから権力者を守るために取材源秘匿の原則を適用した、と批判されても仕方がない。

本来、取材源秘匿の原則は権力側ではなく、内部告発者に適用されるべきだ。例えば、2016年に世界に衝撃を与えた「パナマ文書」。同文書を南ドイツ新聞に持ち込んだのは匿名の内部告発者ジョン・ドゥである。

取材源秘匿の原則がなかったら、ジョン・ドゥは決して内部告発に踏み切らなかっただろう。何しろ、パナマ文書によって世界の国家元首や独裁者、大富豪の隠し事を暴く格好になっていたのだから。正体がバレたらとんでもない恐怖にさらされるのは想像に難くない。

正体がバレている内部告発者はどうなっているのか。スノーデン事件の主人公であるエドワード・スノーデンはロシアに潜伏中だ。母国アメリカに戻ったら即座に逮捕され、国家機密漏洩の実罪で終身刑は必至といわれている。

では、「放射能発言」の鉢呂と「不適切発言」の田中はどうなったか。もちろん逮捕されていない。オフレコ破りで正体をバラされたのに、前者は辞任、後者は懲戒処分で済んでいる。漆間は何の処分も受けていない。

失言をしていなければ、鉢呂と田中は正体をバラされなかったし、仮にバラされても何のおとがめも受けなかっただろう。権力側のためにマスコミと懇談していたのだから、権力側から攻撃されるはずはないのだ。その意味で、取材源の秘匿を通じてマスコミに守ってもらう必要はまったくない。

「名前を引用しない」という認識で十分だった

自分の体験を振り返ると、四半世紀近くも新聞社に勤務しながら、オフレコの定義を明確に説明してもらった覚えがない。「オフレコ＝名前を引用しない」という認識を持っていれば、それで十分だった。

実際の取材では、相手によってインタビューの仕方も臨機応変に変えていた。メモを取る場合もあったし、取らない場合もあった。名前を伏せてコメントを引用する場合もあったし、コメントを一切引用しない場合もあった。取材で得た情報をどのように使うかは、取材先とのあうんの呼吸で決めていた。

数多くのオフレコ懇談にも出席した。先輩記者からは「懇談会はオフレコでも発言内容にニュース性があれば記事にする。大蔵次官であれば『大蔵省首脳』、日銀総裁であれば『日銀首脳』という形で書けばいい」と教えられた。

これが記者クラブ全体の暗黙のルールだった。

主要紙の中では比較的詳しく倫理規定を定めている朝日新聞の「記者行動基準」を見てみよう。オフレコ取材については次のように規定している。

〈報じないことに同意したうえで取材をする、いわゆるオフレコを安易に約束しない。約束した場合でも、発言内容を報道する社会的意義が大きいと判断したときは、その取材相手と交渉し、オフレコを解除するよう努める〉

これだけである。名前を引用しなければ発言内容は報道できるのか、それとも名前はもちろん発言内容も一切報道できないのか、文面からは判断しにくい。「オフレコを解除するよう努める」という表現を見ると、「名前を引用しないのがオフレコ」とも解釈できる。

ウォーターゲート事件はオフレコ取材ではなかった

日米の報道現場を比較するとさまざまな違いが浮き彫りになる。とりわけ違いが際立っているのがオフレコ取材だ。用語は同じでも、日本では大ざっぱに定義されているにすぎないのに対し、アメリカでは完全オフレコを意味する。

そのためアメリカではオフレコ取材はまれだ。巨大権力の暗部を暴くような調査報道であっても、である。

1970年代前半のウォーターゲート事件を振り返ってみよう。ワシントン・ポスト記者ボブ・ウッドワードは同僚のカール・バーンスタインと組んで、情報源であるディープスロートの協力を得ながら事件の全貌を明らかにしている。

ディープスロートは内部告発者の立場にあり、正体がバレれば権力側から報復される――このような緊張下でウッドワードは取材していた。言い換えれば、取材源秘匿の原則を徹底しなければならなかった。

『大統領の陰謀』によれば、事件が大きくなるにつれて、ウッドワードは慎重のうえにも慎重を期さなければならなくなった。身の危険を感じたディープスロートが電話取材に応じなくなったためだ。

そのためウッドワードは代替策を考え出した。ディープスロートに接したいときは、アパートのバルコニーに置いてある花瓶の位置をずらした。これを合図にして午前2時に地下駐車場で彼と落ち合うのである。

一方、ディープスロートも新たな方法に頼った。ウッドワードに会いたいときは、ウッドワード宅に配達されるニューヨーク・タイムズを使った。20ページ目のページ番号に丸印を付けるとともに、同ページに会合時間を示す時計の針を書き込んだのだ。

ウッドワードは極秘取材をしていたわけだ。だとしたら、オフレコを条件にディープスロートに接していたのだろうか。

答えはノーだ。ウォーターゲート事件でさえもオフレコ取材は行われていなかった。

極秘取材はディープバックグラウンド

では、どんな方法が取られていたのか。ヒントはディープスロートという隠語にある。

ディープスロートの名付け親は、ウォーターゲート事件当時のワシントン・ポスト編集副主幹ハワード・シモンズ。事件の取材方法として「ディープバックグラウンド」を採用していたことに注目し、人気ポルノ映画のタイトルに引っ掛けて「ディープスロート」を思い付いたのである。

ディープバックグラウンドとは、記者が取材先と交わす取り決めの一形態だ。日本では基本的にオンレコとオフレコの2形態あるのに対し、アメリカでは4形態ある。次の通りだ。

① オンレコ（記録あり）
② バックグラウンド（背景説明）
③ ディープバックグラウンド（深層背景説明）
④ オフレコ（記録なし）

私はコロンビアJスクール留学中に4形態について初めて教えられた。「これほど厳格に体系化されているのか」とびっくりしたのを今でも覚えている。

Jスクールの教科書『ニューズ・リポーティング&ライティング』を参考にして、4形態それぞれについて簡単に説明しよう。

第一にオンレコ。記者会見は通常すべてオンレコだ。記者は発言者の名前も発言の内容も自由に書ける。この面では日米の報道機関に差異はない。

第二にバックグラウンド。記者は発言内容について自由に書けるものの、発言者の名前を引用できないし、発言者の特定につながりかねない肩書も明示できない。「ノット・フォー・アトリビューション（引用不可）」とも呼ばれる。

すでに述べたように、ＡＰは記者行動ガイドラインでバックグラウンド取材に警鐘を鳴らしている（バックグラウンドはバックグラウンドブリーフィングと同義）。バックグラウンド取材は権力側がマスコミを誘導する有力なツールになっているからだ。

そのため、バックグラウンド取材を行う場合には、記者は原則として編集責任者に情報源を明かさなければならない。第三者のチェックを仰ぐわけだ。

第三にディープバックグラウンド。ウォーターゲート事件でウッドワードが採用していた取材方法だ。

ここでは記者は発言者の名前を引用できないのはもちろん、発言内容も直接引用できない。つまり、カギかっこを使ってのコメント引用も不可ということだ。「フォー・バックグラウンド・オンリー（背景説明のみ）」とも呼ばれる。

バックグラウンド取材であれば「官邸筋は『菅義偉(よしひで)首相は衆議院解散に前向き』と語った」と書ける。しかし、ディープバックグラウンド取材では「菅義偉首相は衆議院解散に前向きなようだ」となる。直接引用ではなく、記者が地の文で書くわけだ。

第四にオフレコ。聞いた話は一切書いてはならない完全オフレコである。得た情報は記者個人の知識として使えるだけだ。

オフレコを条件に記者が捜査関係者に取材し「あす、Ａ社社長が逮捕される」という情報を得たとしよう。すると、実際にＡ社社長が逮捕されるまで何も書けなくなる。第三者から同じ情報を得たとしても、である。日本では「第三者に確認できれば書いてもいい」と解釈する記者が多い。

以上が4形態の定義である。この中で使用頻度が最も低いのが第4のオフレコだ。記者が倫理上の問題に直面し、場合によってはオフレコ破りを求められるからだ。そのため、アメリカではオフレコ取材は原則として認められていない。

トランプとの「オフレコ懇談」が大問題に

では、アメリカでオフレコ取材が実際に行われるとどうなるだろうか？　しかも相手が巨大権力であるとしたら？

大問題になる。

代表例を一つ挙げよう。ニューヨーク・タイムズの論説委員会が2016年1月に共和党大統領候補のドナルド・トランプと行ったミーティングだ。オフレコが条件であったために文字通り「オフレコ懇談」である。

オフレコであったにもかかわらず、ミーティングの内容が外部に漏れた。アメリカ版オフレコ破りだ。同紙編集主幹のディーン・バケットは同紙パブリックエディター（紙面審査委員）のマーガレット・サリバンからの質問に、「一部屋に30人もいる状況下でオフレコを徹底するのは非現実的」と答えている。

もっとも、問題の核心はオフレコ破りではなかった。そもそもどんな理由でニューヨーク・タイムズがオフレコという条件を受け入れたのか、である。ちなみに、同紙論説委員会は大統領候補としてトランプを支持するかどうかの判断材料を得るためにミーティングに臨んでいた。つまり取材を目的にしていなかった。

スノーデン事件をスクープしてピュリツァー賞を受賞したジャーナリスト、グレン・グリーンウォルドがニュースサイト「インターセプト」上で鋭い指摘をしている。

〈トランプは次に挙げるどちらかの目的でNYT（ニューヨーク・タイムズ）に対してオフレコを要求したはずだ。一つ目は、ウソをついてNYTに好印象を与える。二つ目は、国民にウソをついているとNYに対して正直に認める。どちらにせよ、NYTはオフレコを受け入れた時点で、国民から真実を隠すという意味でトランプの協力者になっている〉

ここには少し補足が必要だろう。トランプは「オフレコ懇談」中に「移民政策では妥協可能」という趣旨の発言をしている。分かりやすく言えば「不法移民の大規模強制送還をやめることもあり得る」と言ったのだ。

その文脈からすると、一つ目は「大規模強制送還をやめるとウソをついてNYTに好感を持ってもらう」、二つ目は「大規模強制送還をやるという公約はウソであるとNYTに対して正直に認める」という意味になる。どちらであってもニューヨーク・タイムズはオフレコに縛られて、読者に対して何も伝えられない（結果としてトランプの協力者になる）。

最大の問題は、ミーティング中に国民に知らせるべき重大ニュースが出てきた場合の対応だ。大規模強制送還をめぐるトランプ発言が重大ニュースに相当したのかどうかは分からない。仮に重大ニュースだとしたら、記者はオフレコの約束を守るべきなのか、それともオフレコ破りをするべきなのか。

グリーンウォルドは「オフレコ発言を意図的なリークやうわさによって外部に漏らすのは報道倫理的に決して許されるべきではない。相手がたとえドナルド・トランプであっても」と断じている。

となると、記者として守るべき心構えは必然的に「完全オフレコは決して受け入れない」となる。そうしないと、記者はとんでもなく厄介な報道倫理上の問題を抱え込むことになりかねないからだ。

第13章　消費者の守護神

ビル・ゲイツから「一体どこから来たの?」と聞かれる

市民（消費者）目線の報道という点でベストプラクティスを実践しているジャーナリストは誰だろうか。

私が選ぶとすれば「消費者の守護神（チャンピオン・オブ・ザ・コンシューマー）」の異名を持つウォルト・モスバーグだ。ウォールストリート・ジャーナル（ＷＳＪ）の看板コラムニストである（２０１３年にＷＳＪを辞め、２０１７年に引退）。

モスバーグは１９９１年10月に製品批評「パーソナルテクノロジー」のコラム連載を開始し、ＩＴ（情報技術）コラムニストとしてデビュー。ＩＴジャーナリストと言えば「業界向けに小難しい話を書く業界専門記者」ばかりだった時代に、「一般消費者向けに平易な言葉を使って書くＩＴジャーナリスト」を前面に出して業界関係者を驚かせた。

コラム連載開始から数カ月後のことだ。ＷＳＪのワシントン支局で、モスバーグはマイクロソフト共同経営者のビル・ゲイツと初対面し、開口一番「君は一体どこから来たの？」と聞かれた。

当時、パソコン業界は普及途上の段階にあり、モスバーグの言葉を借りれば「仲間内だけで固まっていた時代」だ。ゲイツはほとんどのＩＴ記者を知っていたばかりか、それぞれの経歴まで把握していた。一方、ＩＴ記者の多くはＩＴ業界出身の元エンジニアであり、業界紙で働いていた。ゲイツとＩＴ記者は同じ穴のむじなといえた。

それだけにモスバーグは完全によそ者であった。どこからともなく突然現れ、業界紙ではなく全国紙のIT記者になったのである。しかも、IT記者としては高齢（当時44歳）であったうえ、エンジニアとして働いた経験も持ち合わせていなかった。ゲイツの「どこから来たの？」には「大丈夫なの？」という意味が込められていた。

それでもモスバーグは何の不安も覚えなかった。「業界専門記者が業界向けに小難しい記事を書く」のではなく「普通の新聞記者が消費者の視点で誰にでも分かる記事を書く」――ここに目標を置いていたからだ。

ちなみに、アメリカでは「批評（クリティシズム）」も立派なジャーナリズムである。映画批評や書籍批評（書評）があるように製品批評もあり、単なる製品紹介と一線を画している。ピュリツァー賞には批評部門が設けられている。

メーカーの公式データを信用しない

モスバーグは一見すると調査報道と縁がないITコラムニストでありながら、番犬ジャーナリズムの視点を常に持っている。メーカーのために新製品を紹介するというよりも、消費者のために新製品をチェックするのを信条にしているからである。

実際、新製品の批評を書く際、数週間から数カ月にわたって消費者代表として当該製品を使い込む。疑問点はすべて業者側にぶつけ、調べ上げる。「これはお薦め商品」などと手放しで評価しない。だから「消費者の守護神」と呼ばれるのだ。

一例を挙げよう。アップルが2010年4月3日に発売した初代iPad（アイパッド）の製品批評だ。

発売2日前の2010年4月1日、WSJはiPadの製品批評を特大の扱いで掲載した。すでに絶大な影響力を持っていたモスバーグのコラムのために、別刷りセクション「パーソナルジャーナル」の1面を全面ぶち抜きで使ったのだ。

モスバーグは1週間にわたって自らiPadを徹底使用したうえで記事を書いた。発表報道と一線を画し、メーカーの公式データを決して信用しない。

バッテリー駆動時間については、iPadが動かなくなるまで映画やテレビ番組などを再生し続けて調べた。結果としてアップルの公式データを15％上回る11時間28分というデータを得ている。記事には次のように書いている。

〈テスト中、映画4本、テレビドラマ4回、1時間半の企業プレゼンテーションをすべて見た。テレビドラマ「クローザー」を見ている途中でバッテリーダウン。そうそう、忘れてはいけないことがもう一つ。テスト中、常にWi‐Fi（ワイファイ）を走らせ、電子メールも受信していた。ただし、ゲームをプレーし続けていれば、バッテリー駆動時間はもっと短かっただろう〉

反響は大きかった。彼自身も「これほど大きな注目を集めたのは久しぶり」と振り返る。

それもそのはず、ｉＰａｄへの関心が日本も含めて世界的に高まっている状況下で、正式発売前にアップルからｉＰａｄを支給され、徹底的にテストする機会を得た記者は一握りしかいなかったのだ。

アメリカの新聞業界で最も稼ぐコラムニスト

モスバーグはもともと番犬ジャーナリズムの担い手として活躍していた。ＷＳＪのワシントン支局で18年間も核問題や安全保障問題を担当し、ワシントン支局長の道も約束されていた。調査報道を展開して権力側の怒りを買うこともたびたびあった。

ＩＴコラムニストへ転じた理由について、モスバーグは私のインタビューで次のように語る。

「普通の人間が日常的にＩＴに接する時代、言いかえれば『ＩＴの民主化』時代がやってくると思っていた。そこに潜在需要があるとみて、編集責任者に新コラム『パーソナルテクノロジー』を売り込んだ。

仕事と家庭の両立も実現したかった。当時は安全保障担当記者として世界中を飛び回り、飛行機の中で生活しているようだった。ＩＴコラムニストになれば新分野を開拓すると同時に子どもとの時間を確保できるから、一石二鳥だと思った」

モスバーグはＩＴコラムニストへ転じても番犬ジャーナリズムの精神を忘れず、巨大企業を怒らせることに何のためらいも見せなかった。

例えば2001年。マイクロソフト製ウェブブラウザ「インターネット・エクスプローラー」のスマートタグ機能を厳しく批判し、「独占企業としての立場の乱用」と結論した。これをきっかけに消費者の間で批判が渦巻き、数週間後にマイクロソフトはスマートタグ機能の削除を表明せざるを得なくなった。

大手通信会社の独占体質にはかねて批判的で、携帯電話の新モデルを「駄作」と一蹴することも珍しくなかった。2007年には「携帯電話の端末まで支配しようとする通信キャリアは旧ソ連の役所モデルに依拠して経営している」と断じた。「旧ソ連の役所モデル」との表現に通信キャリアは反発し、大論争に発展した。

コラム連載開始から20年も経過すると、「パーソナルテクノロジー」の影響力は伝説的になっていた。そんなこともあり、モスバーグはWSJの看板コラムニストになったばかりか、「アメリカで最も影響力があるITジャーナリスト」(有力誌タイム)との評価を確立した。

報酬面でも突出した存在になった。アメリカの主要紙に勤めるジャーナリストとしてモスバーグは最高の年俸を得ていたようなのだ。

メディア批評家ケン・オーレッタの調べによれば、モスバーグの推定年俸は100万ドル。ニューヨーク・タイムズの看板コラムニスト、トーマス・フリードマンの年俸を上回っていた。ただし、フリードマンは『レクサスとオリーブの木』(草思社)などで知られるベストセラー作家でもあり、多額の印税や講演料も考慮すれば業界の稼ぎ頭だった。

ＩＴ記者なのにシリコンバレー行きを拒否

新製品の売れ行きを左右するほど影響力のあるコラムとなれば、業者側はあらゆる手段を使って記者に接近、自社に好意的な批評を書かせようとするだろう。モスバーグはどんなやり方で中立性を保ち、消費者目線を徹底していたのか。

大きく二つあった。一つ目はシリコンバレー駐在拒否だ。

コラム連載スタート前、ＷＳＪはモスバーグのシリコンバレー行きを当然視していた。シリコンバレーが「ＩＴの世界首都」であるからにほかならない。当時の編集主幹ノーマン・パールスタインは言った。

「シリコンバレーはＩＴ企業の一大集結地。新コラム開始に合わせてシリコンバレーに駐在してもらいたい」

モスバーグはきっぱりと断った。

「家族がワシントンを気に入っているので行きません」

家族は妻と2人の息子（当時12歳と8歳）。ワシントンに長く住み、友人と離れ離れになるのを嫌がっていた。ただし、モスバーグは「もし自分が強くシリコンバレー行きを主張したら、家族は折れてくれたと思う」と振り返っている。

それ以上にシリコンバレー行きを拒否する大きな理由があった。消費者目線の維持である。パールスタインには次のように説明した。

「シリコンバレーを拠点にしたらまともなコラムを書けなくなります。業界人に囲まれて生活する格好になり、知らず知らずのうちに業界の論理で考えるようになってしまうから」

モスバーグにとってシリコンバレー常駐は「記者クラブ詰め」に相当したのだろう。記者クラブ詰めの記者は朝から晩まで取材先の論理を聞かされ、知らぬうちに読者ではなく取材先の目線で物事を考えるようになりかねない。

パールスタインは聞いた。「どうやってIT業界を取材するつもりなんだ？　どうやって新製品をいち早く見るんだ？」

モスバーグは「心配無用です」と断言した。

「年に4～5回はシリコンバレーへ出張します。一方で、われわれは有力経済紙だから、ワシントン支局でシリコンバレー企業の訪問を受けるでしょう。コラムニストがシリコンバレー常駐になると業界に近くなり過ぎ、むしろ弊害が大きくなります」

競争力の源泉は厳格な倫理基準

二つ目は厳格な倫理基準の策定だ。

新製品の寄贈、高級レストランでの接待、スポーツや演奏会のチケット——。業者からの誘惑には枚挙にいとまがない。有力批評家には無数の業者が群がり、あの手この手で甘い汁を吸わせようとする。

「パーソナルテクノロジー」を成功させるためには高い倫理基準を設けて業者との癒着を絶

ち、消費者からの信頼を勝ち取らなければならない――このようにモスバーグは考えていた。高い倫理基準は競争力の源泉であると当初から気付いていたのだ。「官房機密費がマスコミ工作に使われていた」とも言われる日本の常識からすると、モスバーグはにわかに信じられないほど厳しい倫理基準を設けていた。シリコンバレー駐在拒否だけでは足りないと考えていたわけだ。

モスバーグはＷＳＪが運営するウェブサイト上の目立つ位置で自分の倫理基準を開示していた。主なポイントだけ紹介しておこう。

①金銭や贈答品を取材先やＰＲ会社から受け取らない。
②取材先やＰＲ会社から講演料は受け取らない。
③相手持ちの招待出張や格安商品の提供は受け付けない。
④取材先に助言しないし、どんな形の諮問委員会にも入らない。
⑤時に取材先からＴシャツをもらうが、着ると妻に嫌がられる。
⑥取材対象企業の株式もハイテク株ファンドも保有しない。
⑦自分の年金運用先にもハイテク株ファンドを含めない。
⑧評価用に支給された新製品は必ずメーカーに返却する。
⑨廉価なマウスやソフトは返却せずに捨てるか、寄付に回す。
⑩発売前にメーカーから製品説明を受けても、批評を書くとは限らない。

⑪ 製品説明を受けて批評を書く場合でも、好意的な批評を書くとは限らない。
⑫ 批評のために使用した新製品を気に入ったら、通常価格で自腹で買う。
⑬ 批評を書くに際して自社の広告担当者と接触しない。
⑭ たとえ講演料なしでも取材先の依頼で講演しない。

言うまでもなく、ＷＳＪの親会社ダウ・ジョーンズには全社員が順守しなければならない倫理規定がある。「消費者の守護神」にしてみればまったく不十分だったのだろう。

日本では２０２１年春にステルスマーケティング（ステマ）疑惑でフジテレビの女性アナウンサー９人が謝罪に追い込まれた。見習うべきなのはモスバーグの倫理観ではないか。

１５００語の倫理声明

モスバーグは同僚２人にも独自の倫理声明を作らせ、公開させていた。そのうち一人は、モスバーグと共にテクノロジー会議「Ｄ：オール・シングス・デジタル（Ｄ会議）」を運営していた記者カラ・スウィッシャーだ。

ワシントン・ポストからＷＳＪへ転職したスウィッシャーは、モスバーグ以上に詳しい倫理声明を作っていた。モスバーグの倫理声明は単語数にして９７７語だったのに対し、彼女の倫理声明は１５００語。モスバーグ・スミスについての説明も入っていたためだ。

スミスはグーグルに２００３年に入社し、事業開発担当副社長を務めるまでになっていた。

報酬の多くをグーグル株とストックオプション（株式購入権）で受け取っており、自分の個人資産がグーグルの株価に影響される状況に置かれていた。一方、スウィッシャーにとってグーグルは有力取材先の一つだった。

ダウ・ジョーンズは同社倫理規定の中で「記者は担当業界に所属する企業の株式を売買してはならない。家族もこのような企業の株式を売買してはならない」と定めている。もちろん「家族」には配偶者も含まれる。

スウィッシャーはＷＳＪを辞め、契約社員としてＤ会議を運営していた。とはいえ、配偶者のスミスがグーグルの幹部である以上、利益相反問題について全面開示しておかなければならなかったのだ。

興味深いのは、スウィッシャーはスミスとの同性婚についても自らの倫理声明の中で取り上げ、「全面開示」の方針を貫いていた点だ。

〈同性婚を禁止するカリフォルニア州憲法修正案「プロポジション８」には反対しました。職業柄、締め切りに追われるのが好きです。だから、２００８年11月４日の住民投票で同修正案が可決される数時間前に、サンフランシスコの市役所でメガンと結婚したのです。（中略）今のところ、住民投票前の同性婚は有効であるもよう。可能な限りメガンとの結婚を守り続けるつもりです〉

会社の倫理規定とは別に自分独自の倫理声明を作り、誰にでも閲覧できるようにしている新聞記者は異例だ。日本では皆無だろう。

私自身の新聞記者時代を振り返ると、モスバーグの倫理基準にはとても及ばなかった。サラリーマン記者としての限界でもあった。理想論を掲げて自分だけ違う行動に出れば、社内的に角が立ってしまうのだ。

日本の新聞社には会社としての倫理規定がある。とはいっても、取材先からの誘惑に対してどう対応すべきかについては、総じて抽象的・一般的な内容だ。「日本のWSJ」である日経新聞は記者の行動規範として「(取材先とは)良識に基づいた健全かつ正常な関係を保ち、経済的利益を受領しない」と定めているだけである。

メディア王マードックと直談判

「消費者の守護神」にとっての最大の危機は2007年にやって来た。メディア王ルパート・マードックが率いるニューズ・コーポレーションがWSJの親会社ダウ・ジョーンズを買収したのである。

マードックは買収先のメディア企業の編集面に介入することで知られている。例えばニューヨークの地元紙ニューヨーク・ポスト。1976年にニューズに買収されると、センセーショナリズムに走って政治色を強めた。

2007年春、ニューズがダウ・ジョーンズ買収で最終合意する数カ月前のことだ。ワシントン支局で働くモスバーグの電話が鳴った。声の主はマードックだった。

「ニューヨークへ来て、ランチでも一緒に食べないか」

当時、マードックはダウ・ジョーンズ買収を表明していたものの、買収で合意できるかどうかはなお不透明だった。業界内では「マードックが買収に成功したら、モスバーグは辞める」との観測が出ていた。

ランチの席では、マードックはズバリ本題に入った。

「君にはＷＳＪでこれからも頑張ってもらいたい」

モスバーグは条件を出した。「私が書く記事の内容については直接的にも間接的にも一切干渉しないでほしい」

マードックの反応はモスバーグにとってはちょっとした驚きだった。

「君の記事には絶対に介入しない。たとえ広告主が怒ったとしても、『記事を訂正しろ』などとは言わない。これは約束する」

モスバーグはこれでも安心できなかった。

「中間管理職は？　買収後は巨大組織になるから、おそらく数百人にはなる。彼らが私に圧力をかけてくることも想定できます」

すると、マードックは紙切れに自分の電話番号を書き込み、モスバーグに手渡した。

「これが私の直通電話の番号だ。誰かが君の記事にいちゃもんをつけたら、直接知らせてほしい」

カタログの寄せ集めと変わらない日経の製品記事

日本にもモスバーグのような記者がいるだろうか。すぐに思い浮かぶのは新聞ではなく雑誌だ。広告を取らずに消費者本位の視点で製品批評する雑誌「暮しの手帖」である。同誌編集者の目線はモスバーグに近い。

しかし大手新聞社にはモスバーグ流の記者は見当たらない。そもそも製品批評で全国的に有名になっているジャーナリストは一人もいない。

日経の別刷り「日経プラスワン」の紙面を見てみよう。「パーソナルテクノロジー」が登場するWSJの別刷り「パーソナルジャーナル」に相当するのが「日経プラスワン」だからだ。「パーソナルジャーナル」も「日経プラスワン」も生活に密着した紙面作りを特徴にしており、製品批評を売り物にしている。

モスバーグがiPadの製品批評を書いた直後の2010年4月3日付の「日経プラスワン」。1面の「何でもランキング」のコーナーに「新生活おすすめの電子辞書」という記事を掲載し、電子辞書の新製品を解説している。「良い製品」を多数紹介し、それぞれの利点について盛りだくさんに書いている。

大人向けランキングで1位になったのはカシオ製「エクスワードXD-A8500」。同製品について、記事は次のように説明している。

「カラー画面を取り入れ（中略）きれいで見やすくなった」「文字にカラーでマーカーを引

け（中略）手書きコメントをカラーで登録できる」「タッチ操作できるアイコンもあり、操作性も優れている」「国家資格10種の過去問3000件も盛り込んだ」――。

参考までに、家電量販店ビックカメラのウェブサイトは同時期に同製品を次のように紹介している。

「カラー液晶を活かした便利な学習機能」「表示される文字にマーカーを引け（中略）暗記学習に便利」「タッチペンを使って手書き文字などを書き込める」「国家資格10種過去問3000では、人気10種の試験問題を収録し、ポイントをつかんだ学習が可能」――。

瓜二つである。言うまでもなく、「何でもランキング」は客観性・中立性を売り物にする新聞記事であり、ビックカメラのサイトは商業サイトである。

つまり、「何でもランキング」はビックカメラのサイトと同様に「業者が喜ぶ情報」を満載しているにすぎない。分かりやすく書かれている点で「パーソナルテクノロジー」と表面的には似ているとはいえ、実態は異なる。「パーソナルテクノロジー」がジャーナリズムであるとすれば、「何でもランキング」は製品カタログの寄せ集めに近い。

「何でもランキング」では記者が新製品を評価するのではなく、専門家に丸投げしている。「不要な新機能を盛り込み、製品価格をつり上げている」などといった辛口の批評は期待薄だ。番犬ジャーナリズム的な視点が欠けており、業界を怒らせる「ワーストランキング」も望めない。

新聞社側には「わが社を代表するコラムニストに新製品コラムを担当してもらう」などと

いう発想はないだろう。私自身が新聞社で働いた経験を振り返ると、新製品コラムは通常、経験の浅い記者がトレーニングも兼ねて片手間に書いていた。

第14章　肉体労働者から知的労働者へ

3週間の長期休暇は不謹慎？

スタンフォード大学名誉教授で「日本初のノーベル経済学賞候補」とも言われた経済学者の青木昌彦。２００６年の暮れ、日経新聞の「私の履歴書」執筆のことで担当の私にあいさつしようと思い、同紙編集局に電話を入れた。すると次のように言われた。

「牧野は休暇中で、3週間はオーストラリアから戻って来ません。勤続20年以上の社員に与えられる永年勤続休暇を取得中だからです。こんなに長期の休みを取得する社員は前代未聞です」

長期休暇が難しい日本の現状に照らし合わせて、青木は「3週間も休むなんて不謹慎な記者」と反応したのだろうか。実際は正反対だった。「牧野さんはそんな人なのか。これなら一緒に仕事をしても安心」と思った。

以上は、「私の履歴書」を連載中の２００７年10月、青木が私の「励ます会」で披露したエピソードだ。

当時、日経を退社して数カ月たっていた私のために、同僚や取材先が都内のレストランで「励ます会」を開いてくれた。青木は「履歴書」連載中で多忙を極めていたにもかかわらず、短いスピーチをしてくれたのだ。

「私の履歴書」を基に書いた自伝『私の履歴書　人生越境ゲーム』（日本経済新聞出版）の中では、青木は学者でありながらも波瀾万丈の人生を送ってきた生き様をカラフルに描いている。学生運動家として逮捕されたり、カリフォルニアのカウンターカルチャーに熱を上げたりするなど、滅私奉公タイプのサラリーマンとは似ても似つかない。だから「前代未聞」と聞いてむしろ安心したのだろう。

永年勤続休暇の権利が発生したのは2003年。制度上、私は通常の年次有給休暇とは別枠で、20年勤続をたたえられて20日の特別休暇を認められていた。権利発生から数年がたっていたため、急がなければ権利を失いかねなかった。

そこで2006年暮れからの年末・年始を挟んで3週間の休みを取り、家族と共にオーストラリアで過ごした。新聞記者生活23年間で最長の休暇だった。そんなときに青木から職場に電話がかかってきたわけだ。

確かに「前代未聞」と言ってもおかしくはなかった。というのも、私が知る限り、数十人に上る同期入社記者のうち実際に20年目の永年勤続休暇を取得したのは当時私だけだったからだ。1人の例外を除いて同期入社記者全員が永年勤続休暇を消化しないままで権利を放棄しようとしていたのだ。

厳密には私自身も権利をきちんと行使したわけではなかった。というのも、日経では毎年20日の年次有給休暇をもらい、未消化分については次の年に繰り越していたからだ。実のところ、大量の年次有給休暇をため込んでいたため、年末・年始の休日なども考慮すれば永年勤続休暇を1日も使わなかった。

過労死で命を落とす記者

記者は知的労働者ではなく肉体労働者——。このように自嘲気味に話す記者は多い。日本の大手メディアには休みを取らずに、どれだけの長時間労働に耐えられるかどうかで記者が評価される風潮がある。

権力の懐に飛び込もうとして連日の夜討ち・朝駆けに明け暮れ、月100時間以上も平気で残業する。夏休みもせいぜい1週間しか取得せず、永年勤続休暇は取らなくて当然。そんなことから「新聞記者＝超多忙」は通説になっている。

長期休暇を取らなければ知的活動を行えないわけではない。だが、肉体労働的な仕事で朝から晩まで振り回されていると、知的活動に専念できない。権力側が発信する情報を漏れなく報じようとするあまり、「特オチがあるかもしれない」と不安におびえながら一時も気を抜けない日々を送らなければならなくなる。

個人的にも、肉体労働的な毎日に悲鳴を上げる記者から相談を受けたことが何度もある。きっかけは講談社のニュースサイト「現代ビジネス」でのコラム連載だった（私は本書の単行本版出版に向け2010年4月にジャーナリズムをテーマに連載を開始した）。

相談を持ち込んできたのは面識のない若手記者ばかりで、多くは家庭との両立に苦しむ女性記者だった。いくつか紹介しておきたい。

まずはＮＨＫ報道局で働く30代の女性記者。

〈24時間365日働けなければ記者失格と言われ、転勤続きで家族生活もままならない。こういう環境では、自分の将来像が見えにくく、子どもを産み育てることにためらってしまう〉

次は民放テレビ報道局で働く30代の女性記者。

〈記者は一生の仕事だと思い続けてきた。しかし、念願の事件記者として警視庁配属になってから、信じられないほどの燃え尽き症候群に。当局の情報をいかに早く入手し、いかに早く出すかの取材競争にまったく意味を見いだせない〉

そんな状況下で悲劇も起きる。2013年7月にはNHK記者の佐戸未和が過労で命を落とした。31歳だった。選挙取材に奔走し、休みをほとんど取らずに月200時間を超える時間外労働を強いられていた。

佐戸は死後、NHKから選挙報道の声価を高めたとして「報道局長特賞」を受賞している。しかし、選挙の当確を一刻も早く打ち出すことに何の意味があるのだろうか。いずれ発表になるニュースを先取りするエゴスクープの価値がゼロであるならば、いずれ明らかになる選挙結果をいち早く伝える選挙報道の価値もゼロではないのか。

ＮＨＫ在職時に「パナマ文書」報道に関わったジャーナリストの立岩陽一郎は佐戸の死を振り返り「悲し過ぎる」と語る。「世界的な大問題に肉薄していたのならともかく、意味のない当確報道をやらされて命を落とすなんて。前田（晃伸）会長がトップダウンでやめると言ってくれればいいのだが……」

テレビ局には報道以外にもドキュメンタリーやバラエティ、ドラマなどの番組制作部門がある。報道局のブラック労働環境が知れ渡り、業界内では「報道局志望の若手が減って困っている」という声が出ている。

「新聞記者＝超多忙」は思い込みにすぎない

アメリカを見れば「新聞記者＝超多忙」は思い込みにすぎないということが分かる。最前線で活躍する記者が健全なワークライフバランスを維持しつつ、大特ダネを放つことも可能である。

第５章で取り上げた「#MeToo」運動のスクープが好例だ。ハリウッドの大物に絡んだセクハラ疑惑が焦点であったため、記者は丹念なウラ取りを行わなければならなかった。家庭を犠牲にして取材に奔走したのだろうか。

答えはノーである。ニューヨーク・タイムズでは女性記者ミーガン・トゥーイーとジョディ・カンターの２人が取材を担当し、家庭と仕事を両立させながらスクープをモノにしている。何しろ、取材開始時点でトゥーイーは産休明けで職場に復帰したばかりだったし、カンターは1歳半の娘を育てていたのだ。

同紙とのインタビューで2人は次のように答えている。

〈取材を始めた当初、ミーガンの娘は体重5キロちょっと。固形物を一度も口にしたことがなかった。ジョディの娘は1歳半で、公園の滑り台にやっと乗れるようになったところ。携帯電話で遊ぶのが大好きで、夏ごろにはフェイスタイムで（女優で取材先の）アシュレイ・ジャッドと偶然つながってしまった〉

私の新聞記者時代を振り返ると、同僚の女性記者が出産直後に取材の最前線に放り込まれるケースを見たことがなかった。特ダネ競争の最前線は超多忙であり、育児との両立は無理――これが常識だった。

諸悪の根源はコモディティニュース至上主義

記者の肉体労働者化を促す要因は何なのか。一言で言えば「コモディティニュース」至上主義である。コモディティニュースとは、どのメディアでも同じように取り上げられ、コモディティ化したニュースのことである。「共通ネタ」と言い換えてもいい。

コモディティニュースを漏れなく報じようとすれば、どんな報道機関でもたちまちパンクしてしまう。コモディティニュースはほぼ無限にあるからだ。

日本の現状を見ると今もコモディティニュース全盛であることが分かる。私が全国紙（読売、朝日、毎日、日経、産経）と東京新聞の6紙を選び、2016年6～8月の3カ月間にわたって朝刊1面記事を調査したところ、データで裏付けできた。

まずは定義。朝刊1面記事のうち、発表モノや発生モノ、「いずれ発表になるニュースの先取り」などをコモディティニュースとした。発表モノは記者会見やプレスリリース、発生モノは事故や事件、「いずれ発表になるニュースの先取り」はエゴスクープだ。

記事本数全体に占めるコモディティニュースの割合で見ると、日経、朝日、読売の各紙が76％台でほぼ横並び、続いて毎日（74％）、産経（67％）、東京（63％）となった。

試しに6月15日朝刊の1面を点検してみた。記事本数は読売4本、朝日4本、毎日4本であり、すべて発表モノや発生モノ。つまりコモディティニュース一色だった。読売の場合は「舛添（ますぞえ）氏不信任」「JTB　973万人情報流出か」「株　終値も1万6千円割れ」「熊本復興の誓い」であり、「読売でしか読めない記事」は1本もなかった。

普通のビジネスマンと同じ生活を送る米紙記者

デジタル時代を迎え、ニュースのコモディティ化は加速している。ニュースはデジタル化されてインターネット上を瞬時に駆け巡る。ソーシャルメディアやスマートフォンの普及も手伝い、伝統的メディアがニュースを独占する時代は完全に終わっている。

当然ながらニュースのコモディティ化は伝統的メディアの経営を直撃する。ここに危機感を抱き、「脱コモディティニュース」を鮮明にしたのがニューヨーク・タイムズだ。

同紙編集主幹のディーン・バケットは2016年5月下旬に記者・編集者宛てのメモを作成し、その中で次のように書いている（ジャーナリズム研究機関である米ポインター研究所のサイトから引用）。

〈ニュースのデジタル化が進んだ結果、事実を単純に伝えるストレートニュースの価値は乏しくなっている。そのようなニュースはコモディティ化しており、無限に見えるネット空間上であふれ返っている。

代わりに重視しなければならないのは正真正銘の「ニューヨーク・タイムズでしか読めない」というニュース。本格的なジャーナリズムと確かな情報で裏付けされた独自ニュースであり、これこそ今後の読者ニーズを満たすカギである〉

ニューヨーク・タイムズの報道現場では脱コモディティニュースはすっかり根付いている。実のところ、同紙にとって脱コモディティニュースは何十年も続く伝統であり、デジタル時代を迎えて重要性が再認識されているにすぎない。

例えば、ウォールストリート・ジャーナル記者として経験を積み、現在はニューヨーク・タイムズのサンフランシスコ支局で編集者を務めるプイ・ウィン・タム。2人の子どもを育てながらIT業界の最前線で取材している。

こんな武勇伝も持っている。2006年のことだ。ウォールストリート・ジャーナル記者としてシリコンバレー取材で奔走していると、誰かに電話の通話記録を盗まれた。IT大手ヒューレット・パッカード（HP）が彼女の情報源を突き止めようとし、秘密裏に探偵を雇ったのだ。

ニューヨーク・タイムズ入社前には経済通信社ブルームバーグで2年間記者をしていたタム。私が現在の職場環境について尋ねたところ、次の回答が返ってきた。

〈今はコモディティニュースに振り回されずに、本当に重要なニュースにじっくり取り組めるからとても充実している。独自の調査報道やルポに集中するなど、オリジナルジャーナリズムを追求できる。

もちろん銃撃戦で多くの死者が出たり、巨大企業同士が合併したりすれば、無視するわけにはいかない。それでも選択と集中を徹底しているから、以前よりも落ち着いて取材できる〉

ちなみに、彼女は基本的に残業せずに毎日自宅で家族と夕食を共にしているほか、毎年必ず数週間の長期休暇を取得している。普通のビジネスマンと変わらない生活を送っているわけだ。ここには「新聞記者＝超多忙」という感覚はない。

ニューヨーク・タイムズ、読売新聞を追い抜いて部数世界一に

ニューヨーク・タイムズでは何年も前から脱コモディティニュースの必要性がはっきり見えていた。例えば電子版やアプリ経由で読まれる同紙記事を対象にした年間人気記事ランキング。すでに2014年には上位10本にストレートニュース――つまりコモディティニュース――が1本も入っていなかった。

この結果を受け、同紙の読者開発部門責任者マット・ユーローはブログ記事の中で「従来型のニュースの価値観にとらわれてはいけない。好き嫌いにかかわりなく、われわれはオリジナルジャーナリズムという新時代を迎え入れなければならない」と強調している。

オリジナルジャーナリズムは直訳すれば「独自報道」であり、コモディティニュースとは正反対の概念だ。

例えば、①放っておいたら決して明らかにならない重大ニュースを掘り起こす、②深い分析のコラムやニュース解説を書く、③衝撃的なルポを連載する――などはすべてオリジナルジャーナリズムだ。要するに「ここでしか読めない」や「放っておいたら明らかにならない」と断言できればいいのだ。

裏を返せば、オリジナルジャーナリズムを追求するためには、特オチを気にしてライバル紙と同じような紙面を作ろうとする体質と決別しなければならないということだ。

脱コモディティニュースを推し進めたニューヨーク・タイムズはその後どうなったのか。

大成功である。

2015年に同紙電子版の有料購読者数は100万人の大台に乗り、それから5年後の2020年には600万人を突破。紙の購読者と合わせれば750万人を超え、長らく世界最大といわれてきた読売をいつの間にか追い越していた。

同紙が電子版の有料化に踏み切ったのは2010年。当時、専門家の多くは「コモディティニュースにカネを払おうとする人なんていない。ネット上でタダで読めるのだから」と言い、懐疑的だった。このような予想を覆す原動力になったのがオリジナルジャーナリズムだ。

オリジナルジャーナリズムは高付加価値路線

コモディティニュースに固執していたら、いずれはマスコミ業界全体が抜本改革を迫られるだろう。日本のエレクトロニクス業界を見てみるといい。コモディティ化の大波にのみ込まれ、有力メーカーが軒並み経営危機に直面し、一部は身売りを強いられている。高付加価値路線に活路を見いだすしかない。

対応に遅れれば、大手メディアも同じ運命に陥るだろう。すでに新聞業界は大幅な部数減に見舞われ、青息吐息の状況にある。だとしたら先手を打って脱コモディティニュースを宣言してみたらどうだろうか。

もちろんコモディティニュースも重要であり、無視できない。とはいえ、大手メディアがそろって同じコモディティニュースに注力する必要はない。経営的に厳しい環境下で人的資源を無駄に使う余裕はないはずだ。

新聞社の報道・編集現場であれば次のような改革が考えられる。

①　記者にコモディティニュースを追い掛けさせない。通信社の配信記事で代用する。

②　コモディティニュースは1面の片隅にまとめて一覧化する。あるいは中面で使う。

③　1面では調査報道や解説、読み物などオリジナルジャーナリズムを全面展開する。

要するに、特オチを気にして他紙と同じような紙面を作って安心するのではなく、他紙と違う紙面を作って「ここでしか読めないニュース満載」と広くアピールするのである。

こうすれば、コモディティニュースの一大拠点として機能してきた記者クラブは必然的に空洞化するのではないか。構造上、どうやってもオリジナルジャーナリズムの拠点にはなれないのだから。

記者はコモディティニュースを否定されれば記者クラブから飛び出すしかなくなる。そうしたら誰にもまねできないオリジナルジャーナリズムで勝負すればいい。オリジナルジャーナリズムこそメディア版高付加価値路線であり、そこでは肉体労働よりも知的労働が求められる。

コモディティニュース至上主義の裏返しとして、日本には「重要であるにもかかわらず埋もれたままのニュース」がいくらでもあると考えられる。主要メディアがコモディティニュースからオリジナルジャーナリズムへ大転換すれば、「埋もれたままのニュース」が次々と明るみに出て日本全体の利益につながる。

第15章　1面トップ記事の条件

「ぜひモノ」優先で「暇ネタ」後回し

大テーブルのど真ん中に編集局ナンバー2の局次長が座り、出稿メニューに従って政治部や経済部、社会部など各部のデスクから順番に話を聞く。

「政局について他紙が嗅ぎつけたからすぐに書かないと駄目です」(政治部)

「株式相場が急落しているから書くなら今のタイミングです」(経済部)

すると局次長は「きょうは『ぜひモノ』が多いな。悪いけれど暇ネタは預からせてもらう」と裁定する……。

日経新聞に勤務していたとき、こんな光景を何度も目にした。「ぜひモノ」とは、その日のうちに書かなければ腐ってしまうニュースのことだ。

きょう起きた事件はあすの紙面に載せなければならないし、あすにも発表される独自ネタ——エゴスクープ——もあすの紙面に載せなければならない。「ぜひともその日に使わなければならない」という意味から「ぜひモノ」と呼ばれるようになった。要するに、どのメディアも同じように報じるコモディティニュースのことだ。

暇ネタとは、その日に使わなくても腐らない記事、つまり「暇なときに使えばいい記事」のことだ。典型例は「傾向モノ」や「まとめモノ」だ。傾向モノであれば、①さまざまな現象をつなぎ合わせて消費動向の変化を分析した記事、②日本株保有を増やす外資系投資ファンドが相次いでいる状況を捉えた記事——などだ。

それと比べると、アメリカ最大の経済紙ウォールストリート・ジャーナル（WSJ）が開催する伝統的編集会議は別世界に見える。WSJ出身のサラ・エリソンが書いた『ウォール・ストリート・ジャーナル陥落の内幕』（プレジデント社）をひもとくと、次のような興味深い記述がある（原書から引用。筆者訳）。

〈WSJの伝統に従って、朝の紙面会議に臨む編集幹部はその日の大ニュースについて議論しない。アメリカ国内はもちろん他国の新聞を見ても、WSJのような新聞はないだろう。何しろ、1面にニュース記事を載せないのだ。どんな大ニュースでも中面に回してしまう。3面（3ページ目）だ。

その日の1面に何を載せるのかは数週間前、場合によっては数カ月前の段階で決まっている。フィーチャー記事や調査報道の大作だ。そんなことから、朝の紙面会議で編集幹部はその日の大ニュースについて騒々しく議論しない。前から用意されている出稿メニューを再確認するだけで終わりにする〉

ニュースを再定義した「WSJ中興の祖」

コモディティニュースを捨て去ってオリジナルジャーナリズムを前面に打ち出したパイオニア――これがWSJだ。改革を主導したのが第11章でも取り上げた「WSJ中興の祖」バーニー・キルゴアである。

同紙の紙面がパラダイムシフトを起こしたのは第2次大戦中の1940年代のこと。当時、新聞報道のゴールドスタンダードはストレートニュース（速報ニュース）であり、「客観報道」に不可欠の手法と考えられていた。

そんな状況下でキルゴアは「過去24時間以内に起きた出来事を簡潔に伝えるだけではジャーナリズムは本来の使命を果たしていない」と結論した。「1面トップはストレートニュース」という常識を覆し、ニュースを再定義したともいえる。

ストレートニュースに取って代わるのはオリジナルジャーナリズムであり、オリジナルジャーナリズムの中心を担うのはフィーチャー記事であった。フィーチャー記事とは、簡単に言えば「ニュースを深く掘り下げた読み物」である。

私はコロンビアJスクール――コロンビア大学大学院ジャーナリズムスクール――留学中に近代的フィーチャー記事のパイオニアがWSJであることを知った。使っていた教科書がフィーチャー記事の代表的書き方として「WSJ方式」を挙げていたからだ。

キルゴア改革は大成功し、WSJ流フィーチャー記事はアメリカ新聞界全体に大きな影響を及ぼした。ニュースの定義が変わり、主要紙が1面トップ記事としてフィーチャー記事を当たり前のように使うようになったのだ。結果として、アメリカの新聞はストレートニュース主体のラジオやテレビとのすみ分けを実現することになった。

WSJ出身のベテランジャーナリストであるディーン・スタークマンは2007年5月、コロンビア・ジャーナリズム・レビューにコラムを書き、「キルゴアの下でジャーナリストとして指導を受けるということは、フロイトの下で精神分析家として指導を受けるのと同じ」と書いている。ジャーナリズムの世界でキルゴアが果たした役割は、精神分析の世界でフロイトが果たした役割に匹敵するというわけだ。

フィーチャー記事は通常ヒューマンストーリー（人間物語）を軸に構成され、清水潔が挙げる「小さな声」をふんだんに取り込んでいる。必然的に市民目線となり、権力チェック型の番犬ジャーナリズムでも威力を発揮する。

事実、フィーチャー記事はピュリツァー賞受賞作の常連だ。例えば、調査報道ＮＰＯ（民間非営利団体）「プロパブリカ」の記者が凶悪ギャング集団に肉薄し、内情を生々しく描いた「裏切り」。２０１９年のフィーチャー記事部門受賞作だ。

ちなみに、「裏切り」の邦訳は調査報道サイトの「スローニュース」で掲載されている。日本語に換算して2万語を超えており、日本の新聞連載で10回分以上に相当する長さだ。ヒューマンストーリーとして面白いだけでなく、迫真の調査報道となっている。

ウォール街のゴシップ紙から一流の全国紙へ

デトロイトの自動車記者クラブ「オフレコクラブ」脱退も主導したキルゴア。ＷＳＪの編集主幹に就任早々――弱冠32歳で１９４１年2月に就任――「1面トップ記事にふさわしいのは全国のビジネスマンを念頭に置いて書いたフィーチャー記事」と宣言している。「キルゴア革命」と呼べるほど画期的なことだった。通信社のように事実を単純に伝えるストレートニュース全盛の時代、「なぜ」「どのように」に力点を置いたフィーチャー記事への全面的な切り替えを目指したのだから。

キルゴア登場前のWSJは基本的に「ウォール街のゴシップ紙」だった。1面は主にウォール街の証券マンが関心を持ちそうな雑報で構成され、10本以上の記事が詰め込まれていた。短いニュース記事ばかり。1面の下半分は証券会社の広告で埋まっていた。

同紙の歴史を記したエドワード・シャーフ著『ワールドリー・パワー』やリチャード・トーフェル著『レストレス・ジーニャス』によると、キルゴアは記者に対し「銀行についての記事を銀行家向けに書いてはいけない。銀行の顧客を念頭に置いて書け」と指示した。「ウォール街のゴシップ紙」から「一流の全国紙」へ脱皮するためには読者の裾野を広げなければならないと判断したのだ。

銀行の顧客は預金者や融資先企業など多様だ。必然的に記者は「広範なビジネスニュースを平易な言葉で書く」よう求められるようになった。銀行や株式市場など金融以外のニュースを扱う記事が増えれば、紙面全体がウォール街という地域性にも縛られなくなり、潜在読者が全国に広がるきっかけにもなる。

日付モノと逆ピラミッド型を禁じ手に

もっとも、「平易な言葉で書く」「地域性をなくす」はWSJにとって必要な戦略だったとはいえ、アメリカの新聞ジャーナリズム全体に大変革をもたらす原動力になったわけではなかった。

　では、キルゴア革命の真髄は何なのか。1面トップ記事として「日付モノ」と「逆ピラミッド型」を禁じ手にしたことである。ストレートニュースを排除するために必要な措置と考えたのだ。

　日付モノとは、記事中に掲載日の前日や当日の日付が入っている記事のことだ。例えば、4月1日付紙面で「バイデン政権は1日、新雇用対策を決める」は日付モノだ。「A社とB社は近く合併で合意する」という特ダネも具体的な日付を含んでいないものの、実質的には日付モノと同じだ。

　報道現場では、発表や事件などを受けて書かれる記事は「発表モノ」「発生モノ」、近く発表されるニュースを先取りした記事は「特ダネ」「独自ネタ」などと呼ばれる。だが、すぐに紙面に載せなければ腐ってしまうという点ではどれも共通しており、日付モノと変わらない。

　「逆三角形」とも呼ばれる逆ピラミッド型は日付モノに欠かせない技術だ。大ざっぱに言えば、記事の冒頭で最も重要な事実を書き、重要度の低い背景説明や識者コメントなどは記事の後半に回すやり方だ。通常、冒頭パラグラフ（第1段落）に「5W1H（誰が、何を、いつ、どこで、なぜ、どのようにして）」を詰め込む。

　こうすれば、紙面編集段階で緊急ニュースが飛び込んできても編集現場は柔軟に対応できる。すでに紙面に入っている記事を後ろからどんどん削り込み、緊急ニュースを入れるスペースを作ればいい。逆ピラミッド型の記事であれば、後ろから削り込む限り最低限の重要事実を残せる。逆ピラミッド型は新人記者がまず教え込まれる基本になった。

日付モノと逆ピラミッド型で特徴付けられるストレートニュースは単純な事実だけで構成され、独自の分析などを含んでいない。19世紀後半にイエロージャーナリズムが横行していたアメリカでは、客観報道のイメージを出すうえで効果的だった。そんなことから新聞報道のゴールドスタンダードになった。

ところが、キルゴアは「記事には『きょう』や『きのう』という表現は要らない。読者の関心は過去ではなく未来にある」と言い、ゴールドスタンダードを否定したのである。当然ながら編集局内は混乱した。記者にしてみれば「過去24時間以内に起きた最新の重要情報を伝えること」がニュースであり、それ以外は考えられなかった。

通信社的なストレートニュースが1面から消えたわけではない。受け皿として「ホワッツ・ニュース」が用意された。過去24時間以内に起きた主なニュースを一覧にして見せるコラムだ。個々の記事は1段落に納まるほど短く、そこに5W1Hが詰め込まれている。日本の新聞に出てくる「短信」に似ている。

1面トップがフィーチャー記事の指定席に

キルゴア改革の目玉として登場したフィーチャー記事は、WSJの1面で指定席を与えられた。1面の左端と右端だ（アメリカの新聞では記事は上から下に流れ、WSJの1面は全

6列ある。日本の新聞用語を使えば全6段)。

1面の左端と右端に置かれる記事は日本の新聞紙面では「1面トップ記事」に相当する。つまり、フィーチャー記事が1面トップの条件となったのだ。

WSJ編集局内では1面の左端と右端の記事は「リーダー(leder)」と呼ばれた。隠語であるリーダーの語源は「トップ記事」を意味する「リーディングアーティクル」だ。

実は、1面にはリーダーに加えてもう一つフィーチャー記事の指定席が設けられていた。左から第4列目、つまり1面のど真ん中に置かれる通称「Aヘッド(A-hed)」だ。ここにはちょっと風変わりであるけれども飛びっきり面白い話題が取り上げられた。

「見出しの形がアルファベットのAに似ている」を意味するAヘッドは、リーダーと並んでWSJ流フィーチャー記事のお手本であり、生みの親はキルゴアだ。つまり、キルゴア改革によってWSJ1面の半分――全6列のうち3列――がフィーチャー記事の指定席になったわけだ。

日本の新聞界にしてみたら、1面トップ記事が毎日フィーチャー記事というのは想像しにくいのではないか。前章で触れたように、日本の主要紙では1面記事の大半がコモディティニュースで占められているのだ。

補足しておくと、WSJではリーダーとAヘッドは半世紀以上にわたって1面の定位置に置かれていたものの、2007年の紙面デザイン変更によって定位置を失っている。同年はWSJの親会社ダウ・ジョーンズがメディア王ルパート・マードックに買収された年でもある。

リードのネタを見つければ仕事の半分は終了

私はJスクールに留学したことでフィーチャー記事の書き方について学ぶ貴重な機会を得られた。指導教官はベテランジャーナリストのブルース・ポーター。ニューヨーク・タイムズ・マガジンなど有力誌に寄稿しながらJスクールでフィーチャー記事の実践を教えていた。

やや専門的になるが、1940年代以降のWSJで試行錯誤のうえで生まれたのが「WSJ方式」だ。典型的な記事は以下のような構成になる。

① 逸話リード（anecdotal lead）――とりわけインパクトのある逸話を入れた前文
② ナットグラフ（nut graph）――「この記事は何か」を簡潔に説明する知的段落
③ ボディー（body）――ナットグラフを裏付けする具体的材料で構成する記事本体
④ キッカー（kicker）――魅力的なコメントなどで記事全体を総括する最終段落

一番重要なのがリードだ。ポーターの次の言葉が今でも強く印象に残っている。

「一本の記事を書くのに100の労力をかけるとしよう。私の場合、100のうち50はリードのネタ探しに使う。インパクトがあるネタを見つけるためだけに、1週間以上かけることもある」

数段落しかないリードにこれだけ労力をかけるのか――。ポーターの授業は初めて聞く話が満載で、いつも新鮮だった。私はすでに日本で4年以上の記者経験を積んでいたというのに。

続いてポーターは次のように強調した。

「なぜか？　理由は簡単。リードを読んでもらえなければ、残りもまったく読んでもらえないからだ。リードとは読者をぐいと引きこむという意味。リードが駄目だとすべての努力が無駄になる」

実例で示そう。２０１１年1月24日付のWSJは1面のAヘッドを使い、日本の「工場萌え」をテーマにしたフィーチャー記事を掲載している。書き出しは次のようになっている。

〈四日市（日本）発――高価なカメラ機材を抱えながら貸し切りバスに乗り込む一団は、典型的な旅行者集団に見える。ところが、彼らの興味の対象はこの町の有名な陶器でもなく、静かな茶室「泗翠庵（しすいあん）」でもない。目当ては、もくもくと煙を出す巨大な発電所だ。

何しろ、彼らは全員「工場マニア」なのだ。観光目的で日本の主要工業地帯を訪問し、発電所のほか石油精製所なども見て回る予定だ。長らく「目障り」と一蹴されていた工場の構造美にうっとりするのである。

今回の四日市バスツアーでは、参加者は液化天然ガスのタンクを見て大はしゃぎした。「青空を背景にすると素晴らしい眺めでしょう？」と語るのは、電気部品メーカーの営業担当者として働いている女性ナオミ・ツカサキ（39）だ。彼女は月に一度は工場観光ツアーに参加するという。

その後、一団は貨物列車の集結地を訪問。セメントを運ぶ列車がガタガタと音を立てながら横切っているのを見ると、一斉にバスから飛び降りてシャッターを切った。背景にあるのは工場だ〉

以上の5段落がリードである。一般的なニュース記事で使われる逆ピラミッド型のリードとは似ても似つかない。

「逸話リード」と呼ばれるように、ミソはリードで使う逸話だ。一般には知られていない話であれば、それもニュースである。衝撃的であったり、奇想天外であったり、物語として十分に面白くなければならない。同時に、記事が伝えようとしている内容を象徴している必要がある。

記事中で最も知的な段落「ナットグラフ」

リードに次いで重要なのがナットグラフだ。WSJ出身のトーフェルは著書『レストレス・ジーニャス』の中で「逸話リードとナットグラフの2概念を発案したのはバーニー・キルゴアとビル・カービー（キルゴアの右腕）」と書いている。

ナットグラフはもともとWSJ編集局内で使われる隠語だった。WSJ流のフィーチャー記事がアメリカ新聞界全体で採用されていくうちに、一般的なマスコミ用語として定着した。「ビルボード（billboard）」「ニューズペグ（news peg）」と呼ばれることもある。

ナットグラフは「要するに（in a nutshell）」を語源にしており、「この記事は何について書いているのか」「この記事をなぜ読む必要があるのか」を端的に説明する役割を担う。記事全体の命題を示しているともいえる。通常は1〜2段落以内に納まる。WSJ方式では、遅くとも第6段落までに登場しなければならない。

「工場萌え」のナットグラフは次のようになっている。

〈日本で「工場萌え」が大きな社会現象になりつつある。当初はごく一部の人たちの間で流行しているサブカルチャーにとどまっていたのに、今では工業地帯を観光地にするほどの勢いだ。アメリカであれば、観光バスを借りて有料道路ニュージャージー・ターンパイク沿いの工業地帯を訪問するようなものだ〉

ポーターに言わせれば、ナットグラフは「記事中で最も知的な段落」だ。新聞記事は通常、記者が足を使って集めた事実を中心に構成されている。具体的な情報が詰まっているわけだ。それに対してナットグラフは抽象的な内容であり、記者は「足」ではなく「頭」を駆使するよう求められる。

バランスのため反対命題を必ず示す

ナットグラフが終わるとボディーとなる。記事の本体であり、ナットグラフで示した命題を具体的な材料で補強する。リードとは別の逸話をいくつか用意し、それぞれを識者コメントやデータで裏付けすることが多い。

ボディーでは少なくとも数段落ごとに「トピックセンテンス（続く内容を一言でまとめた一文）」が入る。これによって全体の流れが良くなる。トピックセンテンスだけを抜き出してもすらすら読めれば理想的だ。

ナットグラフ同様にトピックセンテンスも抽象的であり、「頭」が必要になる部分だ。対照的に、トピックセンテンスに続く部分は具体的で、コメントやエピソード、数字などが詰まっている。

ボディーはナットグラフを補強するとはいえ、後半では必ず反対命題も取り入れる。何事も百パーセント正しいということはない。反対命題が入ることで記事の内容が一方的にならず、バランスが良くなる。

対立する2者を描いている場合には特にバランスが求められる。例えば、ナットグラフが「経営側は労働組合を不当に軽視している」という命題を示しているとしよう。この場合、ボディーの後半に「経営側の言い分にも一理ある」といった反対命題が入る。

最後はキッカーだ。「まとめ」「結論」であり、理想的にはリードに立ち戻るような終わり方がいい。そうすることで記事全体が一つの物語のように完結する。印象に残るコメントがキッカーとして使われることが多い。

逆ピラミッド型と違い、フィーチャー記事では話が尻切れトンボになることはない。だからこそキッカーにも工夫が必要になる。読者に対して「どこで読み終えてもいいですよ」と言っているのが逆ピラミッド型だとすれば、「ぜひ最後まで読んでください」と訴えているのがフィーチャー記事だ。

以上が即席の「フィーチャー記事講座」だ。

「1面にフィーチャー記事を書かなければ一人前ではない」

個人的には、ポーターからフィーチャー記事の書き方を初めて学んだとき、「アメリカのジャーナリズムはこれほど体系化されているのか」と驚いた。ビジネススクールが体系的にマネジメント（経営）を教えているように、ジャーナリズムスクールが体系的にジャーナリズムを教えることも可能なのである。むしろその必要性もある。

日本の新聞社では「記者は取材現場で学ぶ」が基本だ。短い日付モノが中心であるため、記者は逆ピラミッド型を覚えさえすればそれほど困らない。効率的に発表を処理しつつ、夜討ち・朝駆けで特ダネを取ってくれれば、上司に評価される。そんな状況下ではＯＪＴ（実地訓練）で十分なのかもしれない。

第1列のリーダー、第4列のＡヘッド、第6列のリーダー――。ＷＳＪの1面を半世紀以上にわたって支えてきたのは、月曜日から金曜日まで毎日掲載される3本のフィーチャー記事だ。特にリーダーは同紙に数々のピュリツァー賞をもたらしてきた看板コラムであり、一流紙の証しだった。

WSJでは最高の書き手が「ページワンエディター（1面担当編集者）」に選ばれる伝統が続いた。ページワンエディターは2本のリーダーとAヘッドにだけ責任を持ち、1本の記事を完成させるまでに数カ月かけることも珍しくなかった。編集局内では「1面にフィーチャー記事を書かなければ一人前ではない」と言われ、記者の間での競争は激しかった。

マードック傘下に入った2007年以降、WSJの1面からはリーダーが消えつつある。有力誌ニューズウィークは2008年12月に「ジャーナリズムの発展にWSJがどんな形で貢献したのだろうか？　おそらく最大の貢献は1面のリーダーだ。にもかかわらずリーダーがなくなろうとしている。編集局内から悲鳴が聞こえてくる」と書いている。

しかし、フィーチャー記事はアメリカ主要紙の1面にしっかりと根を下ろしている。WSJの1面からリーダーがなくなったとしても、新聞ジャーナリズムの王道であり続けるだろう。

ロサンゼルス・タイムズの元編集主幹マイケル・パークスは私とのインタビューで新聞ジャーナリズムの未来について次のように語っている。

「ラジオやテレビはもちろん、インターネット上で瞬時に情報が流れる時代、新聞はどう差別化したらいいのか。発表処理などストレートニュースで勝負するのは論外。記者に求められる最も重要な素質は、深く掘り下げて分析する能力だ。そんな能力を備えた記者には競争力がある」

「深く掘り下げて分析する」うえでフィーチャー記事は最適だ。逆ピラミッド型は事実を淡々と伝える客観報道には最適であるものの、深い分析とは構造的に相いれない。読者が新聞に求めているのは「速報」ではなく「分析」だとすれば、フィーチャー記事にこそ新聞の未来がある。

耳だけでなく目も使って取材する

「読者の目にもなれ」――。Jスクールに留学中、私は指導教官からよく言われた。日本の取材現場で同じような指導を受けた経験がほとんどなく、勉強になった。五感を駆使しなければ、フィーチャー記事に欠かせない描写はままならないというのだ。

数十年前の話なのに、日本の現状と照らし合わせると「読者の目にもなれ」は今も新鮮に聞こえる。Jスクールの教科書『ニューズ・リポーティング&ライティング』の筆者メルビン・メンチャーは「細かな描写を加えるからこそ、真に迫るインタビュー記事を書ける」と指摘している。

大学を訪問し、文学部の学部長にインタビューするとしよう。テーマは「読み書きができない新入学生の急増」だ。あなたならどう取材するだろうか。メンチャーは要約すると次のように書いている。

〈インタビューでは学部長としてどんな対策を打ち出すのか質問し、発言をメモする。だが、インタビューを進めるうちに「学部長という人間にも注目したら面白い記事になる」と判断する。「ヒューマン・インタレスト（人間的要素）を前面に」と教えられ、人間的要素が入ると記事が読みやすくなると知っているからだ。

インタビューの合間に、学部長室に掛けられている絵画の作者名のほか、本棚に置かれている書籍の題名をメモする。質問に答えながら学部長がいじくり回している古びたライターについても質問する（「今は禁煙中。緊張を和らげるために手に持っている」という答えを得る）。

学部長の話しぶりもチェックする。ゆっくりと言葉を選び、時々窓の外を眺めながら話しているのを確認し、メモする。机の上に置かれた家族写真の中に写っている人物が誰なのかについても質問する〉

つまり、学部長の言葉だけでなく、学部長自身や学部長室の様子にも細心の注意を払い、メモするということだ。メンチャーによれば、これが取材の基本なのである。

同書の初版は1977年に出ている。アメリカの新聞記者はずっと昔から「耳だけでなく目も使う」と教え込まれている。記者会見に出席すれば、発言者の表情をメモしたり、座席の数をメモしたりするわけだ。

ニュージャーナリズムの伝統

だからこそ、アメリカにはいわゆる「ニュージャーナリズム」の伝統があるのだろう。トルーマン・カポーティ著の『冷血』（新潮文庫）やトム・ウルフ著の『ザ・ライト・スタッフ』（中公文庫）がニュージャーナリズムの古典的作品と言われ、ジャーナリズムの世界に小説的な手法を取り入れている。ここでは「耳だけでなく目も使う」技術が威力を発揮する。

日本の取材現場では、若手記者は上司から「インタビュー相手の表情はどうだったか」「どんな服装だったか」などと質問をされることはあるだろうか。個人的にはなかった。全国紙の社会部出身記者は「『匂いまで伝わるように』と言ってくれた先輩が一人だけいた。大半の記者はぎゅうぎゅうに詰め込んだ記事を書いていた」と振り返る。

では、上司からどんな質問をされるのか。「発表前にニュースを書かせてもらえそうか」「独自ネタになるのか」「他紙の動きはどうか」――。関心の対象は日本的な特ダネ競争に絞り込まれている。相手の表情や服装を克明にメモしたところで、社内的に評価されないし、発表する紙面もない。日本の新聞社に勤務している限り、描写力や表現力も含めニュージャーナリズム的な手法は学べない。

アメリカでは、デヴィッド・ハルバースタム著の『ベスト＆ブライテスト』（二玄社）を筆頭に、新聞記者が書いたニュージャーナリズム系ノンフィクション本で優れた作品が多い。まるで小説のように書かれていながらも、ディテール（細部）も含めて事実で裏付けされている（きちんと第三者が検証できるように情報の出所が明記されている場合が多い）。

日本では「読者の目にもなれ」を新鮮に感じる新聞記者が大半だとすれば、新聞社の取材現場が数十年にわたって進化するのをやめ、ガラパゴス化しているともいえる。「読者の目にもなれ」はジャーナリズムの基本であるというのに、それが今なお根付いていないのである。

手本はロシアの文豪トルストイ

Jスクールで私の指導教官だったポーターは、ピュリツァー賞を受賞したニューヨーク・タイムズの記者に言及しつつ、著書『プラクティス・オブ・ジャーナリズム（ジャーナリズムの実践）※邦題は筆者訳』（Pearson College Div）で次のように記している。

〈優秀な記者は記憶に頼らずに、常にメモする。

通りに植えられた街路樹の種類とか、頭上に浮かぶ雲の形とか、通りを往来する人々の服装とか、ディテールを記録する。原稿を書く段階になって、最も刺激的で、最も関連性が高いディテールを抜き出すのだ。

人間は言葉だけではコミュニケーションできない。声の抑揚、顔の表情、身ぶり手ぶり——。読者に完全な絵を提供するためには、人間自身を視覚的に見せる必要がある〉

ディテールが重要であれば、「バーに入ると心地よい音楽が流れていた」ではなく「バーに入るとモーツァルトのピアノソナタが流れていた」になるし、「きれいな首飾り」ではなく「ダイヤモンドの首飾り」となる。形容詞には主観が入り込まざるを得ない。記者はディテールを伝えることで、読者に「心地よい」や「きれい」かどうかなどを判断してもらうわけだ。

ディテールが重要とはいっても、ポーターが言うように「最も関連性が高い」場合に限る必要がある。「ディテールが多ければ多いほどいい」と思い込んでいるノンフィクションライターは書き手としては一流ではない。

スイスの大企業ネスレを取材するとしよう。同社本社を訪ねると、最初に目に入るのが豊かな自然環境だ。世界屈指の透明度で知られるレマン湖畔に本社があるからだ。あなたが記者なら、同社本社にたどり着くまでの道中も記事中で詳しく描写するだろうか。

ネスレのアジア市場戦略や新製品開発戦略を書いているのならば、同社本社がどんな自然環境にあるのかディテールを描写しても無意味だろう。だが、「労働環境が社員の士気に影響する」という切り口で「ネスレ本社の社員の生産性は高い」という記事を書いているのならば、同社本社の様子を描写する意味は出てくる。

映画を例にしてみよう。アクション映画を見ているのに、大自然を映し出すシーンを十分間も見せられたら、誰もが退屈するはずだ。それがどんなに美しくても。大自然はアクション映画の本筋とは無関係だからだ。ところが、大自然をテーマにしたドキュメンタリー映画であるのならば、誰も退屈に感じないかもしれない。

Ｊスクールでは「説明するな、見せてくれ（Don't tell it, but show it）」とも教えられた。この点ではロシアの文豪トルストイがお手本になるという。メンチャーは自著の中で「傑作『戦争と平和』が成功した理由について、トルストイは『私は語らないし、説明しない。見せるだけ。すべて登場人物に語らせる』と言っている。ジャーナリストの基本もここにある」と指摘している。

つまり、記者は観察力を駆使して臨場感あふれるヒューマンストーリーを描けば、自ら何も説明しなくていいということだ。

記者会見でレストランの名前を質問

アメリカではフィーチャー記事、日本ではストレートニュースが重視されるという違いを反映してか、日米では新聞記者の質問の仕方も異なる。

１９９０年代後半、私は新聞社のニューヨーク駐在記者としてＭ＆Ａ（企業の合併・買収）を取材し、合併記者会見にも何度も参加した。そこでは「合併の狙いは？」「合併後の売上高見通しは？」などと共に、極秘で行われ合併交渉場面についての質問も珍しくなかった。

「両社トップの２人が夕食を共にしたレストランはどこか？」

「会食時間はどのくらいだったのか？」

「会食中に緊急電話は入らなかったのか？」

アメリカでは記者は読み応えのあるフィーチャー記事を書こうとして、表現力や描写力でも競い合っている。だから合併発表の記者会見に出れば交渉場面のディテールにこだわる。日本だったら「もっとまじめな質問をしろ」と抗議されそうだ。

日本の新聞紙面にもルポなど読み物が載っているとはいえ、ストレートニュースを補完する役割しか与えられていない。ジャンプしないなどの制約もあり、アメリカのフィーチャー記事と比べれば長さは数分の一にとどまる。

しかも書き方が体系化されていない。デスクによって指示が千差万別であり、若手記者は混乱する。たまたま優秀なデスクに巡り合えればいいものの、そうでなければ何も学べない。

新聞記者出身の小説家に「新聞記者の文章をどう思うか？」と聞いてみた。次のような回答を得られた。

〈世間では「新聞記者は文章がうまい」と思われている。新聞記者自身も「自分は文章がうまい」と思っている。それは大いなる勘違いだ。

「うまい」というのは、「新聞記事」という特殊な制約下での話にすぎない。新聞記事は、非常に限られたスペースの中に多くの情報を詰め込む奇形だ。記者は文章の遊びを一切認められていないから、表現力を身に付けられない。一般的な文章を書こうとしても、下手な文章しか書けないだろう。

媒体が紙からネットへ移っていくと、「限られたスペースの中に多くの情報を詰め込む」

という制約条件がなくなる。すると、読者をいかに引き付けるかという表現力が記者には求められるようになる〉

第16章　ピュリツァーへの回帰

イエロージャーナリズムの原点

第14章で書いたように、日本の報道現場で記者は無意味な特ダネ競争に放り込まれて、ブラック労働を強いられている。結果として、本来知的労働者であるべきジャーナリストが肉体労働者化している。

かつてはアメリカの新聞界も同じだった。ジョセフ・ピュリツァーが新聞王として活躍した19世紀後半、批評家の間では「ニューヨークの新聞記者の特徴？　第一に英語を書けない。第二にいつも安酒の臭いを漂わせている。第三にきれいなシャツを着たためしがない」と皮肉る向きもあった。新聞記者は肉体労働者と変わらなかったのだ。

アメリカの新聞界が当時置かれていた状況を踏まえれば、「新聞記者＝肉体労働者」という見方が広がるのも当然だった。扇動的なイエロージャーナリズム全盛の時代だったのだ。

中心舞台はニューヨーク。ここでニューヨーク・ワールド紙とニューヨーク・ジャーナル紙がセンセーショナルな紙面を作り、部数拡大競争を繰り広げていた。紙面上では事実上のでっち上げや偏向報道が横行し、イエロージャーナリズムという言葉が生まれた。

語源は黄色い服を着た少年が登場する漫画「イエローキッド」だ。ワールド紙とジャーナル紙の2紙が「イエローキッド」を競い合って掲載したことから、イエロージャーナリズムはセンセーショナリズムを売り物にする新聞の代名詞として使われるようになった。

1898年にアメリカとスペインの間で起きた米西戦争はイエロージャーナリズムを助長

する格好の材料になった。2紙はキューバ人に対するスペインの残虐行為を誇張して報じるなどで、反スペイン感情を煽った。紙面上では大きな見出しを多用し、号外を乱発。「新聞のセンセーショナリズムがアメリカを戦争に駆り立てる原因になった」との批判も出た。

ワールド紙の社主ピュリツァーは心を痛めた。新聞の品位を落としてしまったことを悔いていたし、ジャーナル紙の社主ウィリアム・ランドルフ・ハーストと同列に語られることにも我慢ならなかった。

ジャーナリズム研究者のジェームズ・ボイランが書いた『ピュリツァーズ・スクール（ピュリツァーの学校）※邦題は筆者訳』（Columbia University Press）によれば、ピュリツァーはハーストを「軽薄」「無節操」と見なしていた。次は同書からの引用だ（筆者訳）。

〈ピュリツァーはセンセーショナリズムを意識的に回避しようと思ったことは一度もない。事実、「真に重要な記事を読んでもらうためにはスキャンダルやお涙ちょうだいは欠かせない」と弁解している。だが、戦争報道の行き過ぎには愕然としてしまった〉

ピュリツァーは「センセーショナリズムに走っている」と批判されると、「センセーショナリズムに見える記事でも事実確認を徹底している」と反論した。権力のチェック役としての役割も重視した。ワールド紙創刊号で「一般大衆の利益を第一に考える新聞を作る」と宣言している。

にもかかわらず軽蔑するハーストと同列に語られ、イエロージャーナリズムの烙印を押されてしまった。すでに視力を失い、自分の死後も視野に入れていたことから、自分の名誉を回復するためにはどうしたらいいのか真剣に考えるようになった。これが1917年のピュリツァー賞創設の起点になった。

ジャーナリズムは体系化し教えることができる

ピュリツァーはピュリツァー賞の創設だけでは不十分と考え、高度な専門訓練を積んだ職業人としてジャーナリストを育成する必要性も唱えていた。そのために新聞経営で築いた資産を大学へ寄付して、アメリカ初のJスクール——ジャーナリズムスクール——を創設する構想を打ち出すのである。

「新聞記者＝肉体労働者」が通り相場だった新聞界は懐疑的だった。『ピュリツァーズ・スクール』によれば、新聞紙面上では次のような見方が紹介されていた。

〈一人前のジャーナリストになるために学べる場所と言えば、偉大な新聞を発行する新聞社の編集局以外にあり得ない〉

〈ジャーナリズムスクールを設立することは可能だ。だって、スイミングスクールを設立することも可能なのだから〉

〈ジャーナリズムを教える教授は夫婦関係を教える教授と同じ。つまり、実際に経験しなけ

れば何も学べないということ〉

まるで日本の新聞界の現状について語っているように聞こえる。日本では「サツ回り（警察取材）」を中心としたＯＪＴ（実地訓練）が基本であり、Ｊスクールが実質的に存在しないからだ。

Ｊスクールに懐疑的な声が相次いでもピュリツァーは諦めなかった。「ジャーナリズムは体系化し、教えることができる」との信念を持ち続け、１９０４年には雑誌「ノース・アメリカン・レビュー」上で本格的なＪスクール構想を公表している。

ピュリツァーは「ジャーナリズムスクールを設ければ、本物と偽物のジャーナリストを区別できるようになる。偽物とは、新聞を売ることしか考えず、教養も信念も欠けているジャーナリストのことだ」としたうえで、こう書いている。

〈ジャーナリズムスクールの創設によってわが国の民主主義を維持・発展させる――これが最終目標である。大学で良いジャーナリストを養成すれば、良い新聞を作れる。良い新聞を作れば、公益にかなった報道を展開できる。つまり好循環を生み出せるわけだ。

ジャーナリズムスクールの存続が自己目的化してはならない。目的はあくまで公益報道の実現にある。ジャーナリズムスクールの存続は必要とはいえ、目的を達成するための手段にすぎない。

わが国は新聞と運命を共にしている。だからこそ新聞社には優れた人材が欠かせない。仕事ができるのはもちろん、公平無私を貫き、公益を第一に考える人材だ。そんな人材が新聞社に加われば、民主主義は機能する。

新聞社にカネ目当てで働き、平気でデマを流す人材があふれていたらどうなるか。わが国は滅びるだろう。わが国の将来を形作る力を備えているのは、次世代のジャーナリストなのである〉

この構想は1912年、コロンビア大学で実現した。Jスクールの誕生である。2年後の1914年には、ピュリツァーの寄付によって同スクールの正面玄関前に第3代大統領トマス・ジェファーソンの銅像が建てられた。

ジェファーソンは「言論の自由」の守護者だ。1791年に世界で最初に言論の自由を権利として明確に保障した「アメリカ合衆国憲法修正第一条(ファースト・アメンドメント)」の生みの親なのである。「言論の自由」はピュリツァーの理念の土台になっている。

現在、Jスクール卒業生の多くが主要メディアで活躍し、在学中に学んだピュリツァーの理念を実現しようとしている。同時に、卒業生かどうかにかかわりなく、多くのジャーナリストがピュリツァー賞受賞を目指してピュリツァーの理念を追求している。ピュリツァーの理念をアメリカの新聞界へ広めるうえで、Jスクールとピュリツァー賞は車の両輪として機能している。

東日本大震災で「ピュリツァー賞の大学」がフル回転

2003年～13年にJスクール学長を務めたニコラス・レマンに「Jスクールで学ぶメリットは何か?」と単刀直入に質問したことがある。すると「ジャーナリズムの実践的スキルを身に付けられる」に加えて「卒業生を中心に人的ネットワークを築ける」という回答が返ってきた。

同じ理念を共有する卒業生の人的ネットワークは強力だ。2011年3月11日の東日本大震災発生直後にその一端を垣間見ることができた。

〈日本の大地震についてフェイスブックページを開設しました。みんなで共有できる情報があったら、コメント欄に書き込んでください。私に直接メールを出すか、ツイッターでつぶやいていただいてもいいです〉

大震災発生直後の3月11日午前7時（アメリカ西海岸時間）、フェイスブックページ「ジャパンウェイク」の開設を伝える電子メールが送られてきた。差出人はJスクールの教授スリー・スリーニバサン。私も含め多くの卒業生が同じメールを受け取っている。

見出し一覧、映像・写真、ビデオ生中継、リアルタイム警報、主要記事、取材ツール、フォローすべきツイッター――。「ジャパンクウェイク」を見ると、初日から情報満載。「フォローすべきツイッター」には、仙台を拠点に活躍するカナダ生まれのミュージシャン、ブレイズ・プラントも入っていた。

それから1時間足らずして、再びスリーニバサンはメールを送った。今度は、卒業生から受け取ったメールを転送している。

〈著名な日系アメリカ人で構成される一団が東京を訪問しており、大地震を目撃しました。団長は、日米カウンシル会長のアイリーン・ヒラノ・イノウエです。すぐにインタビュー可能です。一団はすでに新外務大臣の松本剛明（まつもとたけあき）と会談し、11日午後には首相の菅直人（かんなおと）と会談予定でした〉

それからさらに1時間後、別のメールが送られてきた。差出人は卒業生だ。

〈日本にいるヒスパニック系の人を探しています。今どんな状況に置かれているのか、スペイン語でＡＰ通信に語ってもらいたいのです〉

それに対してスリーニバサンが5分後に答えている。

〈ニューヨークにスペイン人のジャーナリストがいます。今、日本にいる妻に連絡を入れて

いる最中です。彼なら日本にいるヒスパニック系の人を知っているかもしれません。メールを書いてみるといいですよ〉

大震災発生直後からJスクールがフル回転していたわけだ。世界中に散らばる卒業生をつなぐことで、アメリカのメディアによる取材を側面支援しようとしていたのだ。

電子メールのやり取りなどを本書の単行本版に使ってもいいかどうか打診したところ、スリーニバサンは快諾してくれた。

「巨大地震直後にフェイスブックページを立ち上げ、情報を共有できたのは、多くの卒業生の努力のたまもの。日本のためにせめてこのぐらいのことはやらなければ」

高度な専門能力をそなえたジャーナリストを養成

Jスクールの特徴を一言で言えば、高度な専門能力を備えたジャーナリストを養成するためのプロフェッショナルスクールだ。ジャーナリスト経験者を中心に受け入れる大学院であり、卒業生は修士号を得る（学位取得を目的としないフェローシッププログラムもある）。日本で見られる学部レベルの新聞学科とは違う。

私がJスクールに入学した1987年の入学案内にはこう書いてある。

〈われわれの要求基準は高いが、卒業すれば学生は大いに報いられるだろう。意欲に燃えるジャーナリスト志望者を受け入れ、現実の世界へ容赦なく放り込む――これがわれわれのやり方だ。在学中、学生は非常に困難な状況に置かれる。そこから脱出する方法は一つだけである。それは「考える」ということ〉

「現実の世界へ容赦なく放り込む」という表現から想像できるように、Jスクールは学問としてのメディア論やコミュニケーション論を教える場ではない。実践の場である。事実、30人以上に上る教授陣の大半はジャーナリスト出身であり、メディア論を研究してきた学者ではない。

アメリカにはコロンビア以外にも大学院レベルの著名Jスクールがある。ミズーリ大学、ノースウェスタン大学、カリフォルニア大学バークレー校、南カリフォルニア大学などだ。1908年誕生のミズーリはコロンビアよりも古い「アメリカ最初のJスクール」であり、やはりピュリツァーの理念を取り入れている。ただし、実践重視という点ではコロンビアが最も徹底しているようだ。

コロンビアJスクールでは学生は街中に飛び出し、取材しなければならない。「学生の身分で取材できるのだろうか?」と疑問に思う人もいるだろう。実際はどうなのか。

自らの体験を踏まえれば、まったく問題ない。裁判所でも市役所でも自由に取材できた。記者クラブが存在しないから、「クラブ員以外は許可なしに記者会見に出席できない」などと言われることもなかった。実践重視のJスクールが成り立つ環境が整っているということだ。

Ｊスクール側も工夫している。取材に際して学生が「院生」ではなく「記者」と名乗れるようにしている。具体的には、学生向けワークショップを報道機関として機能させている。ニューヨーク・ブロンクス地区のニュースを扱う新聞ブロンクス・ビートを発行しているほか、全国の新聞社へニュースを配信する通信社コロンビア・ニュース・サービス（ＣＮＳ）を運営している。

警察ネタが幅を利かす日本はイエロージャーナリズムか

Ｊスクールとは縁がない記者ばかりのマスコミ業界であれば、「市民目線の報道」や「公益にかなう報道」といった価値観が共有されにくい。その意味で日本の現状は１００年前のアメリカとあまり変わらない。

１００年前のアメリカがイエロージャーナリズムを優先していたとすれば、現在の日本は記者クラブ的報道を優先している。理想とすべきジャーナリズム像が見えない官報複合体の体制下で、記者が迷走している。

実際、１００年前のアメリカとの類似点は多い。すでに述べたように、日本では新聞記者は知的労働者ではなく肉体労働者のような状況に置かれているし、ＪスクールではなくＯＪＴが記者教育を担っている。さらには、殺人や強盗など犯罪報道（クライムリポーティング）を中心にした事件報道への傾斜も見逃せない。

ピュリツァー時代のアメリカではイエロージャーナリズムが横行し、イエロージャーナリズムを支えたのが事件報道だった。新聞社として部数を増やすには衝撃的な凶悪犯罪を取り上げるのが手っ取り早かったのだ。

日本ではサツ回りが新人教育の一環として重視されていることから、大手メディアで働く記者の大多数が事件報道経験者と考えられる。サツ回りが実質的にＪスクールの代用となっているといえよう。

つまり、圧倒的多数の記者が警察取材に放り込まれるわけだ。当然ながら警察ネタ——つまり事件報道——が幅を利かせることになる。

ＮＨＫ出身の評論家・池田信夫(いけだのぶお)はブログ上で「警察ネタの扱いが異様に大きい」として、「日本のメディアは本質的には大衆紙」と結論している。大衆紙と言えば日本では「日刊ゲンダイ」や「夕刊フジ」、海外ではイギリスのタブロイド紙が有名だ。だが、警察ネタの扱いで見ると、日本の大手新聞社・テレビ局も大衆紙と変わらないというわけだ。

個人的にはこんな経験もした。２０２１年5月下旬に民放テレビ（日本テレビ系）のニュース番組を見ていたら、「中国が宇宙開発に邁進(まいしん)」というニュースの直後に「機内で女性ＣＡの尻触る　37歳の男逮捕」というニュースを聞かされた。「中国が宇宙開発に邁進」と「男が女性ＣＡの尻触る」が同列扱いになるなんて……。

大衆紙的な報道は「現代版イエロージャーナリズム」である。センセーショナリズムを武器にして読者・視聴者に訴えるものの、「公益にかなう報道」に合致するのだろうか。少なくとも警察リークの垂れ流しは「公益に反する報道」だ。

サツ回り記者は特オチを恐れて昼夜駆け回っており、まさに肉体労働者的な環境に放り込まれている。これでは腰を落ち着けてじっくり取材できず、高度な倫理観や専門知識を備えた知的労働者にはなれない。

ちなみにアメリカの高級紙ニューヨーク・タイムズは伝統的に国際報道や調査報道を重視しており、1面トップ記事として警察ネタを選ぶことはまずない。とんでもない凶悪犯罪でもない限り。

脳神経学の博士号取得者がピュリツァー賞受賞

アメリカでは新聞記者は100年かけて肉体労働者から知的労働者へ脱皮した。日本でも新聞記者が「われわれは知的労働者」と胸を張って言えるようにするにはどうしたらいいのか。

知的労働者としてお手本となるジャーナリストを一人紹介しておこう。医師の資格を持ち、一流大学で脳神経学の博士号を取得しているシェリ・フィンクだ。彼女のようなジャーナリストが医療問題の最前線を取材できたら怖いものなしだ。

現在はニューヨーク・タイムズ記者のフィンク。調査報道NPO「プロパブリカ」に所属していた2010年に調査報道部門でピュリツァー賞を受賞し、一躍有名になった。受賞作になったのは、2005年にアメリカ南東部を襲ったハリケーン・カトリーナの災害現場をルポしたフィーチャー記事だった。

興味深いのは、フィンクは既存メディアに勤務したことがないフリーランス出身という点だ。医療問題にどんなに詳しくても、ジャーナリストとしての訓練を受けていなければピュリツァー賞級の記事は書けないのではないか、という疑問も出てくるだろう。

実は、フィンクはフリーランスとして働くなか、一流誌のベテラン編集者らから手厚く指導してもらっていたほか、スタンフォード大学在学中にフィーチャー記事の書き方も学んでいる。アメリカではフリーランスでも大学に行けばジャーナリストとして訓練を受けられるのである。

日本でも変化が少し出ている。2008年に早稲田大学大学院に日本初のジャーナリズム修士プログラムが誕生したのだ（私もそこで非常勤講師を務めている）。アメリカ本家のJスクールほど実践的ではないにせよ、ピュリツァーの理念を踏まえて「高度専門職業人としてのジャーナリストの養成」を目標に掲げている。

ストレートニュースを追い掛けるだけならば、記者はサツ回りで経験を積むだけで十分だろう。だが、オリジナルジャーナリズムではそうはいかない。常識を疑い、権力側が隠そうとする「不都合な真実」を明らかにする番犬ジャーナリズムであればなおさらである。

気候変動、格差拡大、地政学的リスク、少子高齢化、新型コロナウイルス——。世の中はますます複雑化しており、ジャーナリストにも高度な専門性が求められるようになっている。デジタル化を背景に台頭しているデータジャーナリズムでは統計的なスキルも欠かせない。

「経済一流、政治三流」から脱皮するために

　健全な民主主義を確立するためには強力な番犬ジャーナリズムが必要になる。チェックを受けない権力は腐敗する。日本が長らく「経済一流、政治三流」と言われてきたのも、「第四の権力」であるマスコミが機能不全に陥っていたからかもしれない。現在は「経済一流」も揺らいでいる。

「公益にかなう報道＝本物のジャーナリズム」という視点に立てば、大手新聞社・テレビ局は次のような改革をするべきだろう。

①スクープの基準を改めてエゴスクープと決別する。権力からのリークに基づく権力迎合型ではなく、内部告発者に寄り添う番犬ジャーナリズムへ転換する。

②記者クラブ詰め記者を大きく減らし、記者クラブが置かれていない分野を担当させる。教育であれば学校取材であり、医療であれば病院取材（文科省や厚労省取材ではない）。

③コモディティニュースを通信社へ丸投げし、オリジナルジャーナリズムへ特化する。記者が特オチを気にせずに重要なテーマをじっくり追える環境をつくる。

④弁護士や医師、エンジニアら高度な専門性を備えたプロフェッショナルを中途採用する。取材・執筆の基本技術や報道倫理を教えたうえで、記者として登用する。

⑤高い専門性を身に付ける機会をプロパー記者に与える。サバティカル（長期休暇）制

度を設けるなどで、修士号や博士号取得を後押しする。

⑥社内で報道と経営を隔てるファイアウォール（業務の壁）を築く。「記者はサラリーマンではなくジャーナリスト」であると認識し、記者が経営幹部へ昇進する道を断つ。

NHKは調査報道NPOの役割を担うべきでは？

大手メディアの中で特に意識改革が求められるのはNHKだ。

NHKは視聴者から徴収する受信料——強制的に徴収しているという意味では税金と同じ——で成り立つ公共放送であり、広告に一切依存していない。「市民目線の報道」「公益にかなう報道」を全面展開するうえで絶好の立ち位置にあるのだ。

アメリカでは既存メディアが疲弊するなかで、調査報道NPOが台頭している。パイオニアのプロパブリカは今ではピュリツァー賞受賞の常連だ。

残念ながら寄付文化が根付いていない日本では調査報道NPOは難しい。ならば、NHKに調査報道NPOの役割を担ってもらう手があるのではないか。予算規模を考えれば、NHKはプロパブリカを圧倒するほどの資金を投じて調査報道を展開できるはずだ。

アメリカではCBSテレビの看板報道番組「60ミニッツ」が調査報道で有名だ。少なくともNHKは日本版「60ミニッツ」を目指すべきだ。とりあえずマリエの告発を受けて芸能界の性的虐待疑惑に迫ってみるのはどうだろうか。

極論を言えば、NHKはドラマや音楽などエンターテインメントから全面撤退してもいい。

エンタメは民放テレビ局で十分担えるのであって、事実上の税金で成り立つ公共放送が手掛ける必要性はない。常に民業圧迫の懸念もある。

ＮＨＫ出身のジャーナリスト、立岩陽一郎は「ＮＨＫは歴史的経緯からエンタメを無視できない」としながらも、「公共放送がなぜ調査報道を全面展開できないのか、突き詰めて考える必要がある」と指摘する。

民放テレビ局がやりたくてもやれないのは調査報道である。コストが掛かるうえ、広告主も含めて権力と対峙する番犬ジャーナリズムが求められるからだ。しかも視聴率向上につながりにくい。

当たり前なのだが、民間にやれないことをやるのが公共放送の使命である。ＮＨＫがエンタメから全面撤退し、浮いた資金を「公益にかなう報道」に全額投じる未来を想像してみてほしい。日本の民主主義に計り知れない利益をもたらすのではないだろうか。

新興メディアの台頭でジャーナリストが活躍する場が広がる

とはいえ、若手記者を中心にメディア業界内部では「しがらみの多い既存メディアに変革を期待しても無駄」との声は多い。

その意味で期待されるのは新興メディアの台頭だ。経営難の既存メディアからの人材流出が加速し、新メディアが続々と登場。10年遅れでアメリカと似た状況が出てきている。

例えば、ハフポストやバズフィードなど米系ネットメディアが日本に進出しているほか、日本独自の新興メディアも生まれている。ソーシャル経済メディアとして「NewsPicks（ニューズピックス）」が注目されたり、調査報道に特化した「スローニュース」が登場したりしている（私は海外記事の翻訳でスローニュースに協力している）。

既存メディアが弱体化するなかでジャーナリストが活躍する場が徐々に広がっているわけだ。私は早稲田大学ではジャーナリスト志望の大学院生に対して必ずこう言うようにしている。「ジャーナリストの未来は明るい。専門性と独立性に加えて高い報道倫理を身に付けていれば、何も心配する必要はない」

新たな時代に官報複合体的なシステムを持ち込んではならない。「日本の民主主義のために働いている」と個々の記者が思えるようなシステムを築くことが何よりも大事だ。

最後に、２０１８年に「ケンブリッジ・アナリティカ（ＣＡ）事件」の内部告発者になり、世界的に有名になったクリストファー・ワイリーの言葉を紹介したい。

２０１６年にイギリスで欧州連合（ＥＵ）離脱の国民投票が可決され、アメリカで不動産王ドナルド・トランプが大統領選挙に勝利したのは、軍事下請け会社であるＣＡ在籍中にワイリーが開発した「心理戦版大量破壊兵器」が使われたため――このように言われている。

オルタナ右翼やフェイスブックを敵に回し、想像を絶する恐怖にさらされていたワイリー。それでも彼が内部告発に踏み切れたのは、ジャーナリストの全面協力を得られたからである。

著書『マインドハッキング』（新潮社）の中で、ワイリーは英有力紙ガーディアンの女性記者キャロル・キャドウォラダーに対して次の謝辞を送っている。

〈キャロル・キャドウォラダーは私を信じてくれた。いや、それ以上だった。この人ならば世界に向けて私の物語をきちんと伝えてくれる、と会った瞬間に思った。その通りだった。世界を目覚めさせ、巨人を揺るがせたのだ。私はピンクの頭髪を持っているが、彼女はペンを持っている。オルタナ右翼、民間諜報会社、シリコンバレー――。あちこちから嫌がらせや脅しを受けながらもペンを置かなかった。世の中のためにという一心で私を支え、第一級のジャーナリズムを実践した。本当にありがとう〉

エピローグ　私が日経新聞を辞めた理由

レストランで上司と怒鳴り合い

日本経済新聞に24年以上勤めていて、怒鳴り合いをするほど編集幹部と対立したのは一度だけだった。会社を辞める半年前のことだった。15年前でもう時効だと思うので、辞めたいきさつを記しておきたい。

2006年暮れ、都内のレストラン。私は信頼する編集幹部Nと食事中だった。

「ニーマンフェローに応募したいので、協力してほしい」

ニーマンフェローとは、米ハーバード大学のジャーナリスト奨学研修制度のこと。私はいったん報道現場から離れ、もう一度充電して知見を高めたかった。だが、冷たい反応しか得られなかった。

「駄目だね。俺が直属の上司ならペケにする」

「なぜですか?」

「産業部に異動したばかり。経営者100人に取材するように言われていただろ」

当時、私は40代の半ばであり、日経産業部所属の編集委員として主にコラムや解説を担当していた。社内的にはすでにベテラン。にもかかわらず「ペケにする」と言われ、まるで新人記者のように扱われた気持ちになった。

怒りを抑えられなくなった。レストラン内に大勢の客がいたにもかかわらず、怒鳴り合いに突入した。隣にいた若手記者一人はぼう然としていた。

ニーマンフェローを拒否されても仕方がない。すでに20代後半でコロンビア大学への留学を認めてもらっていた手前、ぜいたくを言える立場でもなかった。

ショッキングだったのは「経営者100人に取材」である。意味しているところはよく分かっていた。経団連企業に密着取材し、彼らの言い分にもっと耳を傾けろ――このようにNは言っていたのだ。

Nは直属の上司ではなかったものの、私にとっては長らく良き理解者であった。Nがいる限りは、社内でどんなに理不尽なことがまかり通っていても、日経にとどまるのも悪くない――このように私は思っていた。

それなのに経団連企業に密着取材しろとは……。はしごを外されていたのだと悟った。レストランを後にするころには、すでに会社を辞める腹を固めていた。実際、数カ月後に正式に退社の意思を表明し、翌年5月末に辞めた。

経団連寄りの紙面を作る日経

私はM&A（企業の合併・買収）やコーポレートガバナンス（企業統治）を主な分野にして活動していた。その延長線で日本経団連とぶつかることが多かった。もともと証券部に所属して投資家側の視点で取材し、大企業経営者とは一定の距離を置いていたためだ（Nは大企業を取材する産業部畑）。

問題だったのは、日経が完全に経団連――大企業中心の団体――寄りの紙面を作っていたということだ。東京・大手町の日経本社ビルが経団連ビルと隣り合わせであるように、日経本社トップと経団連トップも近い関係にあった。

となると編集局内で忖度がはびこる。経団連トップ——当時の会長はキヤノンの御手洗冨士夫——が気に入らない日経記事を目にすると、事実上のホットラインでそれが直ちに日経本社トップに伝わり、編集局内部で共有されるのだ。

結果として、経団連トップを刺激しかねない記事は忖度によって紙面上から一斉に締め出された。多くは私の記事だった。

２００６年当時、経団連が毛嫌いする動きが二つあった。一つは「三角合併」の解禁であり、もう一つは「アクティビスト（物言う株主）」の台頭である。両方とも私が追い掛けていたテーマだった。

外資脅威論はピント外れ

まずは三角合併解禁。拙著『不思議の国のM&A』に詳しく書いてあるが、当時は経団連を中心に外資脅威論が吹き荒れていた。２００７年5月の新会社法施行で三角合併が解禁されると、巨大外資が日本企業を敵対的に買収し、貴重な技術が海外流出してしまう——これが経団連の主張だった。

資本自由化を背景に日本企業が一斉に株式持ち合いに乗り出した１９６０年代に戻ったかのような騒ぎだった。「失われた10年」から「失われた20年」になろうとしているなか、外資を排除して成長を目指すような戦略は理にかなっていたのだろうか。

私から言わせればまったくピント外れだった。

第一に2005年に対日直接投資は1996年以降で最低を記録していた。国内総生産（GDP）比で2％にとどまり、世界平均の23％を大きく下回っていた。直接投資の半分以上はM＆Aであるから、外資脅威論ではなく外資歓迎論を盛り上げなければならない状況に日本は置かれていた。

第二に経団連は「三角合併解禁で時価総額が小さい中小企業が狙われる」と主張していた。だが、三角合併とは現金ではなく株式を対価とした株式交換方式のM＆Aのこと。現金では買収できないような大型M＆Aが念頭に置かれており、中小企業買収でわざわざ三角合併が使われるというシナリオは荒唐無稽だった。

実際、その後の15年間を見れば、経団連の主張が本当にピント外れだったことが証明されている。三角合併をテコにして日本企業を敵対的に買収する外資は一社も現れなかったのである。

ところが、当時は経団連の三角合併反対キャンペーンが功を奏し、経済界では「外資が日本企業を食い物にしかねない」といった不安が共有されていた。三角合併反対の急先鋒が「国際派」として鳴らした御手洗だった。日経も経団連と同じ論陣を張っていた。

在日米国商工会議所（ACCJ）は怒り心頭に発した。プレスリリース発表に合わせて私に大量の資料を送り付け、経団連の対応がいかにおかしいかを力説した。一方、日経はAC

CJのプレスリリースを黙殺し、経団連側の主張を垂れ流し続けた。

署名入りコラムがゲラ刷り段階でボツに

そんな状況下で、私は2006年10月31日付夕刊の1面で「外資脅威論」という見出しのコラムを書いた。ACCJの主張を紹介しながら経団連をチクリとやったわけだ。これに経団連はピクリと反応し、日経本社トップにクレームを入れた。

経団連は露骨だった。日経から編集局幹部と共に論説委員や編集委員を呼び寄せ、レクチャーしていたのだ。私はなぜか除外されていた。三角合併問題に最も詳しいと自負していたのに。

私は編集委員だから自分の責任で署名記事を書いていた。だから経団連が反発していても忖度する気持ちはさらさらなかった。数週間後に「国際M&Aで株式交換を禁止している先進国は日本だけ」といった趣旨の原稿を書き、デスクに送った。定期的に書いていた署名入りコラム用だった。

ところが原稿は社内的に物議を醸した。オフィスでゲラ刷りを受け取り、内容をチェックしていたら、デスクから電話が入った。「申し訳ないですが原稿は預かりになりました」。実際には預かりではなくボツにされていた。

署名入りコラムがボツにされるのは前代未聞だった。しかも夜遅くゲラ刷りが出ていた段階で。私の愚痴を聞いた同僚の編集委員は絶句した。「僕も長く日経にいるけれど、そんなことがあり得るのか……」

その後、私は三角合併について何も書けなくなった。部長・デスク段階で忖度が働き、原稿執筆の依頼が来なくなったのだ。当時の同僚から聞いた話では、三角合併解禁を支持するインタビュー記事などもボツにされていた。ただし署名記事でボツにされたのは私の原稿だけだった。

「ハゲタカ外資」と同列の村上ファンドとライブドア

次にアクティビスト台頭。経団連で外資脅威論が広がっていたのは、外資系投資ファンドが日本国内でアクティビストとして目立つようになっていたからだ。それを反映してメディア上では「ハゲタカ外資」という差別的言葉が飛び交っていた。

私は内外の投資家やガバナンス専門家への取材を重ねているうちに「日本にこそアクティビストが必要」と確信するようになっていた。2001年には雑誌「日経ビジネス」上で元祖ハゲタカファンドの米リップルウッドを取り上げ、「ハゲタカが日本を救う」という巻頭特集を手掛けた。当時の状況を踏まえれば、相当アバンギャルドな特集だったと思う。

日本では長らく株式持ち合いが横行して株主権が封殺され、いわば「経営者至上主義」が蔓延していた。株主のチェックを受けずにワンマン社長が跋扈すれば、日本企業は競争力を失う。そんななか、私はアクティビストに光明を見いだしたのである。

ハゲタカ外資と同列で語られていたのが日本版アクティビストの草分けともいえる元通産

官僚の村上世彰だ。第7章で取り上げたように、通称「村上ファンド」を立ち上げ、保守的な経済界に変革を起こそうと意気込んでいた。

しかし村上はメディア業界から敵視され、「拝金主義者」のレッテルを貼られていた。フジテレビに経営改革を迫るなどメディア業界にも投資先を広げていたからだろう。読売新聞グループ本社会長の渡邉恒雄(わたなべつねお)からは「ハゲタカ」と一蹴されていた。

「ホリエモン」ことライブドア社長・堀江貴文も忘れてはならない。村上と近い関係にあり、フジテレビの筆頭株主であるニッポン放送株の買い占めでメディア業界を敵に回していた。やはりハゲタカ外資と同列で語られていた。

村上ファンドについて何も書けない

アクティビスト問題でも日経は経団連と歩調を合わせていた。系列のテレビ東京株を取得されていたからなおさらだった。編集局内では「村上ファンドの宣伝になるような記事は書かないように」という暗黙の合意が出来上がっていた。忖度である。

２００６年前半、村上ファンドは阪神電気鉄道株を大量取得し、世間をにぎわしていた。そんななか、村上はシンガポールへ移住した。メディアからの激しいバッシングに耐えられなくなったからだ。

私は古くから村上を取材し、当時の日本国内では携帯電話で彼を自由に取材できる唯一の記者だった（海外ではニューヨーク駐在の同僚記者がパイプを持っていた）。実際、誰も知らないネタをいくつか仕入れ、そのたびに担当デスクに報告していた。

ところが、どんなに面白いネタを本社に伝えても原稿執筆依頼は来なかった。実際には担当デスクは「ぜひやりましょう！」と前向きになってくれながらも、編集局上層部の判断を覆せなかった。

結局、私は村上ファンドについて何も書けないまま無為に過ごし、同年6月を迎えてしまった。同月に村上はインサイダー取引の疑いで電撃的に逮捕されたのだ。たったの半年間で時代の寵児(ちょうじ)が立て続けにつぶされ、変革の期待はあっと言う間に萎(しぼ)んでしまった（堀江は同年1月に証券取引法違反の疑いで逮捕されていた）。

村上の逮捕当日にも私の出番はなかった。村上バッシングにくみしなかった私は煙たがられていたのかもしれない。逮捕翌日の日経1面では、村上を一度も取材したことがない記者が解説記事を書いていた。

経団連企業への密着取材を求められる

私はもともと証券部に籍を置き、マーケットを担当していた。企業取材であれば経営者側ではなく投資家側を重点的に取材するわけだ。しかし2006年3月――それからおよそ9カ月後にNとレストランで怒鳴り合うことになる――に産業部へ異動になっていた。産業部の主な仕事は大企業経営者への取材だ。

異動に際して言われていたのが「経営者100人に取材」だ。要するに、経団連の主張にもっと耳を傾けろという意味合いを持った人事異動だったのだ。当時の編集局長からは直接「将来、本社コラムニストにしようと思っている」と言われていたのだが、経団連企業への密着取材が前提になっていたわけだ。

非常にやりにくかった。当時証券部から同じタイミングで産業部に異動になり、席も隣り合わせになった若手記者が一人いた。異動間もないころには一緒にオフィスを抜け出して喫茶店に行き、身の上をぼやいたものだ。

それでも「Nのような幹部がいる限りは日経も捨てたもんじゃない」と思っていた。実際、日ごろ私が経団連に批判的な記事を書いても、Nはいつも「正論を書いている。社内のことは気にするな」とサポートしてくれていた（少なくとも私にはそのように見えた）。

だから、社内の風当たりが強くなり、書きたい記事を書けない状況に置かれても、日経を辞めようとは思っていなかった。署名入りコラムをボツにされた後でも、である。

だが、レストランで怒鳴り合いになってショックを受けた。いざというときに一番サポートしてもらいたかったNにはしごを外されていたということがはっきり分かったからだ。そもそも、署名入りコラムをボツにした張本人がNだったのだ。

これ以上日経にとどまる意味を見いだせなくなった。就学前の長女と長男と一緒の時間を増やし、ワークライフバランスを見直したいとも思っていたので、渡りに船だった。

ガバナンス上の問題を抱える日経

私が辞めた経緯からも分かるように、日経はガバナンス上の構造問題を抱えている。優秀な記者は経営幹部へ抜擢され、〝記者卒業〟となる。生涯ジャーナリストのキャリアパスが限定的にしか用意されておらず、経営の素人である記者が経営を担う仕組みとなっている。現に、Nは後に経営幹部として大出世している。

編集局の独立性を担保するファイアウォール（業務の壁）が築かれていないわけだ。新聞社のガバナンス問題といえる。結果として編集局は経営側の意向を無視できず、経団連をはじめとした権力に対して強く出られなくなる。

日経は経済新聞であり、本来であれば自由な資本主義経済の信奉者であるはずだ。経済であれば「大きな声」は経団連、「小さな声」は外資やアクティビスト、起業家といったアウトサイダーだ。アウトサイダーにも市場を開放し、古い企業の退場・新しい企業の育成という形で産業の新陳代謝を促す――ここに日経の立ち位置があるべきではないのか。

２００６年には村上と堀江というアウトサイダーが立て続けに逮捕され、既存秩序に挑戦する機運は一気に後退した。起業家精神が立ち消え、産業の新陳代謝が思うように進まなくなった。

古い大企業を代表する経団連が日経を使って外資警戒論を煽り、村上ファンドとライブドアつぶしに加担してイノベーションの芽を摘んだのだとしたら……。「失われた20年」――

あるいは「失われた30年」――の責任の一端が日経にあると言われても仕方がないだろう。

ちなみに2021年に入ってアクティビストはようやく市民権を得たようだ。同年3月に東芝が開いた臨時株主総会でアクティビストの株主提案が可決され、経営側が負けたのである。皮肉なのは、東芝は経団連会長を2人も輩出している代表的経団連企業だということだ。

会社を辞めて良かった

日経を辞めて良かった、と私は思う。辞めたことで、所属する会社に左右されずに、自由にジャーナリズムを語れるようになった。結果として、長年の夢であったジャーナリズム本を出版できたのである。

しかも、本を出したことで多くの若手記者――日経も含めて――と知り合えた一方で、早稲田大学で大学院生を相手にしてジャーナリズムを教えるチャンスも得られた。Jスクール留学体験を踏まえて若い世代に自分の知見を伝えていると、充実感を覚える。

きっかけは、現在日銀副総裁を務めている経済学者・若田部昌澄（わかたべまさずみ）だった。早稲田大教授時代の2012年に本書の単行本版を読み、「アメリカから一時帰国する際にはぜひ講演してほしい」と連絡してくれた。それが縁になって私は大学院の非常勤講師になれた。日経にとどまっていたらあり得ない展開だった。

予想外の出会いは若田部にとどまらなかった。例えば政治家・河野太郎だ。大臣になる前に新幹線で移動中に本書の単行本版を読み、共感してくれた。共著『共謀者たち』（講談社）

の出版を快諾し、何度か対談に応じてくれた。

対談をしているうちに私は河野の行動力に感銘を受けた。「彼こそ調査報道記者にふさわしいのではないか」と思ったほどだ。そのような政治家——今では将来の首相の有力候補——と共著を書くような展開は夢想だにしていなかった。

メディア業界内で日経という枠を越えて人脈が広がったのは言うまでもない。さまざまなメディア関係者が集まる「ファクトチェック・イニシアティブ（ＦＩＪ）」の発足に関わり、日本のメディア業界のために何ができるのか熱く議論したこともある。

会社を辞めて分かったのは、日本のメディア業界でも人材の流動化は進みつつあり、チャンスが広がっているということだ。きちんとスキルを身に付けている記者であれば、既存メディアから飛び出しても仕事を見つけられるし、年収を維持したまま新興メディアへ転職もできる。

現に、私の後を追って独立し、成功している日経記者は多い。みんな優秀なジャーナリストであり、誰も独立したことを後悔していない。メディア業界全体で同じような動きがどんどん広がり、業界全体の新陳代謝が進む——こんな展開に私は期待を寄せている。

あとがき

本書については感謝しなければならない人が大勢いる。私はジャーナリストとして経験を積む過程で多くの人のサポートを受けており、それがなければ本書を執筆することもできなかった。

まずは父・牧野正孝（まさたか）に感謝したい。本書の単行本版を執筆したのは２０１１年、家族でアメリカ・カリフォルニアに住んでいた時期だ。父は母と一緒にわが家に長期滞在し、孫たちと遊びながら第一読者として本書の原稿をすべて読み、丁寧に赤字を入れてくれたのだ。

プロローグで触れたように、父はベテラン編集者だった。単行本出版後の２０１２年にがんで永眠したのだが、最後に編集者として息子の出版プロジェクトに関わったわけだ。本書は文字通り父との協働作業で出来上がったといえる。

思い返せば父は「反権力の闘士」だった。旧制七高から東京大学経済学部へ進学し、１９５１年に卒業。在学時代は東大細胞（日本共産党の末端組織）に属し、同期の堤清二（つつみせいじ）氏（セゾングループ代表を務めた実業家であり小説家）や安東仁兵衛（あんどうじんべえ）氏（東大戦後初の退学処分を受けた学生運動指導者）と仲が良く、よく一緒にデモ行進する学生運動家だった。

まったく覚えていないのだが、私は幼いころに東京・練馬のわが家を訪ねてきた安東氏と会ったことがあるという。父によれば安東氏は「この子は将来大物になる」と言ったそうだ。

その予想は外れたが……。

反権力という点では、私は父から知らぬうちに大きな影響を受けていたと思う。幼いころから一緒にテレビで東大紛争の様子を見て、学生運動を応援していた。その延長線でカリフォルニアのカウンターカルチャーに憧れ、２００８年には家族でロサンゼルス近郊へ移住したのである。

このように自分の人生を振り返ると、マスコミ業界に入って番犬ジャーナリズムに引かれたのも、運命の巡り合わせではないかと思えてしまう。

言うまでもなく日本経済新聞社を抜きには何も語れない。１９８３年に入社して24年以上勤め、ジャーナリストとして多様な経験を得られた。中でも英文日経と証券部に触れておきたい。

最初の職場は英文日経（The Japan Economic Journal）。現在の「日経アジア（Nikkei Asia）」の原型である。憧れであった海外特派員になるには最も手っ取り早いのではないかと思い、自ら希望して最初の職場に選んだ。

まったく予想していなかったのだが、異例の職場だった。何しろ、小さな所帯であるにもかかわらず――正社員は10人以下――コロンビア大学大学院ジャーナリズムスクール（Ｊスクール）留学経験者が３人もいたのである。

ややもすれば軍隊的・体育会的になりがちな大手新聞社内にありながら、英文日経は非常にリベラルな職場だった。国際基督教大学（ＩＣＵ）出身者が最大多数派だったからかもしれない。当初から軍隊的・体育会的職場に放り込まれていたら私は耐えられず、数年で会社を飛び出していたのではないか。

特に感謝したいのは最初の上司である石塚雅彦（いしづかまさひこ）氏。１９７０年にＪスクールを卒業しており、日本人としては最も古いＪスクール卒業生の一人だ（ＩＣＵ卒業生でもある）。私のＪスクール留学を後押ししてくれ、結果として社費留学をかなえてくれた。

石塚氏はデスクとして私の原稿をチェックしながら、アメリカのジャーナリズムについて多くを教えてくれた。新聞記者３年目にして「会社が支援してくれなければ会社を辞めて自費で行く」とまでＪスクール留学を強く希望するようになったのも、同氏がいたからこそである。

Ｊスクール留学から戻って１年後、自ら希望して証券部へ異動した。結果的に大正解だった。経験豊かな先輩から学んだのはもちろん、同僚・後輩からも多くの刺激をもらい、経済ジャーナリストとしての基盤を築けたと思う。この場を借りて感謝したい。

今から振り返れば、日経社内で証券部は最も調査報道に近い組織だった（組織改革によって現在は証券部は存在しない）。財務諸表を徹底的に分析するとともに、機関投資家をはじめ市場のプロに取材して企業を是々非々で見る職場だったからだ。何十年も昔からデータジャーナリズムを実践していたともいえる。

主流の経済部や政治部がアクセスジャーナリズムの一大拠点だとすれば、証券部はアカウンタビリティージャーナリズムを担っていた。第3章で取り上げたエンロン事件とオリンパス事件のスクープを思い出してほしい。どちらも証券部的な記者の努力によって生まれた特報である。

だからなのか、職場全体に自由な雰囲気があった。当時の証券部長、林興治（はやしこうじ）氏はいろいろな企画を何でもやらせてくれた。

例えば、国際会計基準について知る人が誰もいなかった1991年、林氏は「国際会計基準を取材したい」という現場からの提案にゴーサインを出し、イタリア・ミラノへの長期出張を認めてくれた。提案したのは同僚の磯山友幸（いそやまともゆき）氏——現在はフリーランスジャーナリスト兼大学教授として大活躍——であり、出張したのは私だった。

証券部経験者で調査報道記者として鳴らしたジャーナリストの中には、月刊誌ＦＡＣＴＡ（ファクタ）を創刊した阿部重夫（あべしげお）氏もいる。私はチューリヒ駐在中にロンドン駐在の阿部氏と共同取材を手掛けることもたびたびあり、啓発された。ちなみに私が知る限りでは、同氏は社内会議で「目も使って取材するように」と言った唯一の日経記者だった。

本を出版しようとしてもそう簡単にはいかない。日経退社前には金融・経営関連の本を数冊書いた実績があったとはいえ、日経から出版した本ばかり。「日本の新聞報道には構造問題がある」などと指摘するジャーナリズム本は、新聞社とは無関係の出版社でなければ出版しにくかった。

日経退社後、独立系出版社をいくつか当たってみたものの、興味を示す編集者になかなか巡り会えなかった。そんなとき、講談社の新ニュースサイト「現代ビジネス」の創刊準備を進めていた瀬尾傑（せおまさる）氏から連絡があった。「創刊に合わせてコラム連載してみませんか」

創刊と同時というわけにはいかなかったが、ジャーナリズムをテーマにしたコラム連載は２０１０年4月にスタート。瀬尾氏から「1年間書き続ければ本の分量になりますよ」「マスコミ業界人の間でも評判ですよ」などと励まされ、カリフォルニアを拠点にしてほぼ1年にわたって週1回のペースで連載を続けた。

計50回以上に及んだコラム連載を基にして完成したのが本書の単行本版である。セピア色に変色したJスクール時代の資料にもようやく出番が回ってきた。

ジャーナリズム本出版という夢をかなえてくれた瀬尾氏には改めて感謝したい。しかも、講談社で何冊ものベストセラー本を手掛けた名編集者、間渕隆（まぶちたかし）氏（現在は白秋社編集者）を紹介してくれた。

文庫化に際しては河出書房新社の佐野千恵美（さのちえみ）氏にお世話になった。最初は拙著『福岡はすごい』（イースト新書）の企画を提案してくれ、続いて本書の文庫化プロジェクトも持ち込んでくれた。単行本で終わりと思っていたジャーナリズム本がよみがえったのは――しかも内容を大幅にアップデートして――同氏のおかげである。

文庫版には現代ビジネスに追加的に書いたコラムのほか、プレジデント社のニュースサイト「プレジデントオンライン」に寄稿した記事なども取り込んでいる。

最後に、妻の恵美に感謝したい。2006年暮れに日経を辞めたいと伝えたとき、二つ返事で「いいよ。私が働くから。ジャーナリズム本を書けばいいじゃない」と言ってくれたのだ。当時、就学前の長女と長男――翌年には次女も生まれる――がいただけに、妻の支えがなければ会社を辞めるわけにはいかなかった。

妻の協力があったからこそ、会社を辞めて念願のジャーナリズム本を書けたし、夢に見ていたカリフォルニア――家族で5年間暮らした――で子育てするという貴重な体験も得られたのである。

妻は現在広島大学准教授として起業エコシステムの構築に関わり、今もしっかり稼いでくれている。それだけではない。文庫化に際してもいろいろ知恵を絞るとともに、必要に応じて原稿に目を通してくれた。

本書の単行本版をカリフォルニアで執筆中、仕事と子育てに全力投球して大わらわだった。生後数カ月でカリフォルニアへ連れてこられた次女も含めて、3人の子どもの笑顔に随分助けられた。一生の思い出だ。

私が日経を辞めた理由の一つにはワークライフバランスの見直しもあった。会社を辞めたから人生を2度楽しめた――このように心底思っている。

なお、本文中の人名については、「あとがき」を除いてすべて敬称を略させていただいた。

牧野洋

2021年8月、広島にて

本書は二〇一二年に講談社から刊行された『官報複合体　権力と一体化する新聞の大罪』を大幅に加筆、再編集し、文庫化したものです。

官報複合体

権力と一体化するメディアの正体

二〇二一年一〇月一〇日　初版印刷
二〇二一年一〇月二〇日　初版発行

著　者　牧野洋

発行者　小野寺優
発行所　株式会社河出書房新社
〒一五一―〇〇五一
東京都渋谷区千駄ヶ谷二―三二―二
電話〇三―三四〇四―八六一一（編集）
〇三―三四〇四―一二〇一（営業）
https://www.kawade.co.jp/

ロゴ・表紙デザイン　粟津潔
本文フォーマット　佐々木暁
本文組版　KAWADE DTP WORKS
印刷・製本　凸版印刷株式会社

Printed in Japan　ISBN978-4-309-41848-3

日航123便　墜落の新事実

青山透子　41750-9

墜落現場の特定と救助はなぜ遅れたのか。目撃された戦闘機の追尾と赤い物体。仲間を失った元客室乗務員が執念で解き明かす渾身のノンフィクション。ベストセラー、待望の文庫化。事故ではなく事件なのか？

複眼で見よ

本田靖春　41712-7

戦後を代表するジャーナリストが遺した、ジャーナリズム論とルポルタージュ傑作選。権力と慣例と差別に抗った眼識が、現代にも響き渡る。今こそ読むべき、豊穣な感知でえぐりとった記録。

宮武外骨伝

吉野孝雄　41135-4

あらためて、いま外骨！　明治から昭和を通じて活躍した過激な反権力のジャーナリスト、外骨。百二十以上の雑誌書籍を発行、罰金発禁二十九回に及ぶ怪物ぶり。最も信頼できる評伝を待望の新装新版で。

樺美智子、安保闘争に斃れた東大生

江刺昭子　41755-4

60年安保闘争に斃れた東大生・ヒロインの死の真相は何だったのか。国会議事堂に突入し22歳で死去し、悲劇のヒロインとして伝説化していった彼女の実像に迫った渾身のノンフィクション。

右翼と左翼はどうちがう？

雨宮処凛　41279-5

右翼と左翼、命懸けで闘い、求めているのはどちらも平和な社会。なのに、ぶつかり合うのはなぜか？　両方の活動を経験した著者が、歴史や現状をとことん嚙み砕く。活動家六人への取材も収録。

伝説の編集者　坂本一亀とその時代

田邊園子　41600-7

戦後の新たな才能を次々と世に送り出した編集者・坂本一亀は戦後日本に何を問うたのか？　妥協なき精神で作家と文学に対峙し、〈戦後〉という時代を作った編集者の軌跡に迫る評伝の決定版。